Armando Neutel

COISAS QUE O OLHO NÃO VÊ

1ª Edição

Vinhedo SP
IFC-Editora
2010

COISAS QUE O OLHO NÃO VÊ por Armando Neutel
Prefácio de Henry Hinn
Publicado por IFC Editora
Avenida Apparecida Tellau Seraphin Km 2.5
Trevo
13280-000 Vinhedo - SP
www.ifceditora.com.br

Impresso por Imprensa da Fé
Rua Ferreira Viana, 828
Vila Socorro
04761-010 São Paulo - SP
www.imprensadafe.com.br

Diagramação: Gabriel Monteiro Lemos
Adaptação da Capa: Nataly Guimarães Muranaka De Renzo
Revisão: Berenice Lemos Menezes; João Lemos Júnior

À minha esposa Adriana e aos meus filhos Gustavo e Rafaela, que tanto me inspiram a cada dia.

Agradecimentos

Agradeço a Deus pela forma tão amável com que me atraiu a Ele e pelo tremendo amor e unção que partilha comigo para me ajudar a serví-Lo cada dia mais e melhor.

Ao Pastor Henry Hinn por ter acreditado neste trabalho e pelas palavras escritas no prefácio deste livro.

Meu especial agradecimento ao Apóstolo João Lemos, pelo seu apoio total na publicação deste livro em português e por toda amizade e simplicidade que demonstrou desde o dia em que o conheci. Tem sido uma grande bênção para mim, minha família e meu ministério.

Agradecimentos muito especiais à minha avó, Élia, por me ter apresentado e ensinado a Palavra de Deus na minha tenra idade, e à minha tia, Angelina, por todo o carinho que tem pela obra de Deus e toda a ajuda que me tem dado ao longo dos anos.

Meu eterno agradecimento ao meu pai, que sempre me ensinou a ser forte e à minha mãe, por sua dedicação e amor materno.

À minha esposa Adriana, pelo amor, dedicação e paciência.

Armando Neutel

Sumário

Prefácio

Meu querido irmão Armando é realmente uma bênção, um homem da Palavra, espiritualmente equilibrado e ungido por Deus para a Sua obra Seu Reino.

Agradeço a Deus pelo privilégio de fazer parte deste livro. Considero uma grande bênção a oportunidade de compartilhar esta mensagem com todos os leitores, permitindo-lhes experimentar o poder de Deus através da Sua Palavra e revelação do Espírito Santo. A leitura desta obra do meu amigo Armando, "Coisas que o olho não vê", abre nossos olhos espirituais e revela a verdade da Palavra de Deus tanto aos jovens como às pessoas mais experientes.

É muito importante reservar um tempo para ler e estudar a Palavra Divina, usando este livro como guia. Ele o ajudará a crescer em Cristo e a conhecer a Palavra de Deus. Esta Palavra muda nosso coração, abre nossos olhos e ouvidos espirituais e, mais importante ainda, nos revela Jesus Cristo. Assim, podemos ser como Ele e Ele poderá viver em nós e através de nós.Esta é a única maneira de sermos efetivamente verdadeiras testemunhas para as pessoas que vivem ao nosso redor e ao redor do mundo.

Esta obra, caro leitor, certamente irá renová-lo e lhe fornecerá armas que o capacitem a lutar pelo Reino de Deus e sua Glória.

Creio ainda que este livro vai mudar sua vida à medida em que o for lendo e compartilhando-o com outras pessoas.

Também agradeço a Deus por meu irmão Armando,

sua esposa, família e seu ministério. Que o Espírito Santo continue a usá-lo para pregar a Sua Palavra, escrever livros, ministrar, trazer o Evangelho e a revelação de Cristo para toda a Humanidade.

A Deus seja toda a glória, por tudo que Ele tem feito, e todo o louvor, por Sua bondade e misericórdia!

Pastor Henry Hinn

Introdução

Este livro é o resultado de mais de uma década de caminhada com Deus e de estudo da Sua Palavra. Muito do que nele está escrito relata experiências e revelações do Espírito Santo à minha pessoa.

Deus me levou a escrever este livro com um propósito: que o povo de Deus volte ao primeiro amor e às primeiras obras e para que as pessoas que ainda não conhecem Jesus tenham um primeiro contato com o mundo espiritual, que é bem real e poderoso.

Aqui, os leitores poderão constatar segredos que eu descobri através da Palavra e que agora estarão disponíveis através desta obra ao público em geral.

Outro objetivo, que tenho no meu coração, é compactar, num livro só, as doutrinas Bíblicas que julgo serem essenciais para todo cristão conhecer e viver, mantendo a fé viva e seu espírito cheio do fogo do Espírito Santo.

O Autor

Capítulo 1

A MENTIRA VS A VERDADE

Como distinguir o verdadeiro do falso?
O que é a realidade?

Provavelmente você já fez essas questões a si mesmo e, eventualmente, ainda estão por ser respondidas. Eu espero que ao longo desta leitura, tenha as respostas que necessita.

Vamos começar por estudar o que a Bíblia nos ensina acerca deste assunto:

> *Mas, se ainda o nosso Evangelho está encoberto, para os que se perdem está encoberto,*
> *nos quais o dEUS DESTE SÉCULO CEGOU OS ENTENDIMENTOS DOS INCRÉDULOS, para que lhes não resplandeça a LUZ DO EVANGELHO DA GLÓRIA DE CRISTO, que É A IMAGEM DE DEUS.*
>
> 2 CORÍNTIOS 4:3,4

> *Porque não temos que lutar contra carne e sangue, mas sim contra os PRINCIPADOS, contra as POTESTADES, contra os PRÍNCIPES DAS TREVAS deste século, contra as HOSTES ESPIRITUAIS DA MALDADE, nos lugares celestiais.*
>
> EFÉSIOS 6:12

> ..desprendendo-se dos laços do diabo, em cuja vontade estão presos.
>
> 2 TIMÓTEO 2:26

A primeira passagem nos diz que os incrédulos estão ligados a satanás, obedecendo à sua vontade. Eu uso a palavra "ligados" para salientar que a ausência de fé em Jesus Cristo faz com que as pessoas tenham uma conexão direta com as trevas, ainda que, muitas vezes, não saibam disto.

A vontade de satanás é induzida no ser humano por meio de sonhos, palavras, experiências de vida, ou seja, toda a informação transferida pelos pais, amigos, conhecidos, etc. e que percebemos através dos nossos sentidos. Aqui está a grande porta de entrada do poder de satanás na vida de uma pessoa: os sentidos.

Podemos considerar que todas as idéias, pensamentos, impressões, sonhos e toda a sorte de imaginações que temos na nossa mente, e que sejam contrárias à Palavra de Deus, são mentiras que deformam a realidade de Cristo. Os nossos pensamentos podem ser tão maus que Deus se entristece profundamente.

> *E viu o Senhor que a maldade do homem se multiplicara sobre a terra, e que toda a imaginação dos pensamentos de seu coração era só má continuamente.*
> *Então arrependeu-se o SENHOR de haver feito o homem sobre a terra, e pesou-lhe em seu coração.*
>
> GÊNESES 6:5,6

Este trágico acontecimento deveu-se à entrada dos poderes satânicos na Terra. Após o Homem ter pecado contra Deus, satanás tornou-se o príncipe deste mundo, ganhando autoridade para manipular a mente daqueles que não estão em Cristo.

Certa vez, Jesus afirmou: - *"Eu sou a verdade."*

Jesus é a própria verdade. Logo, podemos concluir

que a mentira é também uma pessoa. A mentira nasceu no coração de satanás, que é a própria mentira.

A Sua Realidade Vem do Seu Coração

A realidade que vivemos pode ser uma realidade falsa, que nos rouba os propósitos divinos, ou pode ser uma realidade que nos aproxima mais e mais do Altíssimo.

A certa altura, enquanto os discípulos de Jesus estavam a ministrar às pessoas, grande poder foi manifesto naquele lugar. Então, um homem conhecido por Simão quis dar dinheiro aos discípulos para comprar aquele poder. E Pedro proferiu estas palavras:

> *Mas disse-lhe Pedro: O teu dinheiro seja contigo para perdição, pois cuidaste que o dom de Deus se alcança por dinheiro.*
> *Tu não tens parte nem sorte nesta palavra, porque O TEU CORAÇÃO NÃO É RETO DIANTE DE DEUS.*
> *Arrepende-te pois dessa tua iniquidade, e ora a Deus, para que porventura TE SEJA PERDOADO O PENSAMENTO DO TEU CORAÇÃO;*
> *Pois VEJO que ESTÁS EM FEL DE AMARGURA, E EM LAÇO DE INIQUIDADE.*
>
> ATOS 8:20-23

Note que o pensamento foi o que desencadeou aquela ação descontrolada e, por isso, Pedro viu que ele estava enlaçado, amarrado ou ligado ao diabo.

Vejamos quão perigoso pode ser um único pensamento errôneo. Talvez agora fique mais claro o que quero dizer com ligação a satanás.

Tenho constatado que pessoas crentes e não crentes negligenciam a maneira de pensar, o que as coloca numa posição extremamente frágil e vulnerável aos ataques do diabo nas suas mentes.

Esta é uma porta que tem de ser fechada a satanás: a nossa alma. Não podemos entreter nossos pensamentos com o que sabemos que não está de acordo com a vontade de Deus, expressa na Sua Palavra. Isso levará o nosso coração ao fel de amargura e ao laço de iniquidade. Crendo ou não crendo, a realidade é esta: quando deixamos nossa mente acolher pensamentos despidos de Deus e de toda a sua pureza e verdade, estamos a um passo de sermos enlaçados pelos poderes das trevas que estão em operação nos dias de hoje.

Estou falando de demônios que, quando detectam alguém nesta circunstância, ganham terreno na vida dessa pessoa, que passa a não ficar bem. Estranhas coisas começam então a acontecer. Muitas vezes, a própria pessoa sabe que a sua vida está fora do seu controle, atraindo assim o medo, vivendo, a partir daí, uma experiência que poderá ter consequências trágicas e destrutivas para si mesma e para todos os que a rodeiam.

Muitas pessoas pensam que um pensamento ruim não faz mal a ninguém. Mas não é isso que a Bíblia nos ensina. Ela declara exatamente o oposto:

> *O pensamento do tolo é pecado...*
>
> PROVÉRBIOS 24:9

> *Quanto ao mais, irmãos, tudo o que é verdadeiro, tudo o que é honesto, tudo o que é justo, tudo o que é puro, tudo o que é amável, tudo o que é de boa fama, se há alguma*

virtude, e se há algum louvor, nisso pensai.

FILIPENSES 4:8

Todos os heróis da fé, mencionados na Bíblia, conheciam este segredo. Vejamos, por exemplo, quando Moisés passou o testemunho de líder do povo de Israel a Josué:

> *Tão somente esforça-te e tem mui bom ânimo, para teres o cuidado de FAZER conforme a toda a lei que meu servo Moisés te ordenou; dela não te desvies, nem para a direita nem para a esquerda, para que prudentemente te conduzas por onde quer que andares.*
> *NÃO SE APARTE DA TUA BOCA O LIVRO desta lei; antes medita nele dia e noite, para que tenhas cuidado de fazer conforme a tudo quanto nele está escrito; porque então farás prosperar o teu caminho, e então prudentemente te conduzirás.*
>
> JOSUÉ 1:7,8

O que o Senhor está revelando a Josué é o maior segredo que podemos aprender: se pensarmos bem, nossas ações serão melhores e, consequentemente, seremos bem sucedidos.

Esta é a chave para termos uma vida de sucesso com Deus, com as pessoas que nos rodeiam e mesmo conosco.

Nem consigo imaginar quantas pessoas sofrem de dores espirituais e carnais devido a pensamentos ruins que as assolam. São autênticas maldições que podem levá-las a extremos, apenas porque não tiveram cuidado em proteger a alma de pensamentos que entristecem a Deus.

Tudo o que entristece a Deus é pecado e, por consequência, gera a morte, ou seja, a separação de Deus.

Temos de entender que a nossa maneira de pensar tem muito poder sobre a nossa vida. Um pensamento pode nos levar a lugares espirituais elevados ou pode nos abater completamente.

No entanto, neste mundo estamos sujeitos a todo tipo de "lixo espiritual" através de imagens que vemos em revistas, jornais, televisão, internet, etc. Da mesma forma, isto acontece quando lemos todo o tipo de livros que não são inspirados pelo Espírito Santo de Deus, ouvimos todo o tipo de música e todo o tipo de pessoas indiscriminadamente. E são essas coisas que atropelam literalmente a nossa alma e nos enlaçam a satanás, permitindo a manifestação dos poderes das trevas na nossa vida, isto é, na nossa alma, nosso corpo e espírito.

Tudo seria mais fácil se não nos esquecêssemos do que a Palavra de Deus nos ensina:

> *Porque, como imaginou na sua alma, assim é...*
>
> PROVÉRBIOS 23:7

Satanás sabe este segredo, logo, se ele conseguir dominar a alma da pessoa, dominará a sua mente e, assim, poderá dominar sua vida. É como viver escravo sem saber que se é escravo. Isto é, somos levados a agir num mundo irreal como se fosse real. Satanás faz-nos pensar que os pensamentos são nossos, as ações são nossas, quando na realidade é ele, todo tempo, que está manipulando as vidas em secreto. Todo o pensamento, toda ação e palavra despidos de Jesus Cristo são um passo para separação de Deus.

Mas estes, como animais irracionais, que seguem a natureza, feitos para serem presos e mortos, blasfemando do que não entendem, perecerão na sua corrupção,
recebendo o galardão da injustiça; pois que tais homens têm prazer nos deleites quotidianos; nódoas são eles e máculas, deleitando-se em seus enganos, quando se banqueteiam convosco;
tendo os OLHOS CHEIOS DE ADULTÉRIO, *e não cessando de pecar,* ENGODANDO AS ALMAS INCOSTANTES, *tendo o* CORAÇÃO EXERCITADO NA AVAREZA, *filhos de maldição;*

2 PEDRO 2:12-14

Como estariam cheios de adultério se não tivessem sido engodados com esses pensamentos? Como teriam o coração cheio de avareza se não tivessem enchido suas mentes com esses pensamentos que depois desceram aos seus corações?

Resumindo, o que podemos concluir é que Deus nos ensina a dominar os nossos pensamentos e, não, sermos dominados por eles.

Em outras palavras: se eu controlar aquilo que VEJO, aquilo que OUÇO e aquilo que EXPERIMENTO, eu não irei pensar mal e nem agir mal. Isto é, devo controlar o que percebo com os meus sentidos. Não devo comunicar ou submeter os meus sentidos a experiências que me façam pensar errado e, por conseguinte, agir errado (pecar) e receber o salário do pecado, que é a morte. Este é o processo que permite ao Homem proteger-se contra as astutas ciladas do diabo.

Não foi por acaso que Jesus disse aos seus discípulos:

Vós já estais limpos, pela palavra que vos tenho falado.

JOÃO 15:3

Ou seja, eu posso limpar-me ouvindo a Palavra de Deus, mas também posso sujar-me espiritualmente ouvindo, vendo e sujeitando-me a toda a sorte de doutrinas e ensinamentos que não sejam inspirados pelo Espírito Santo de Deus e pela Palavra de Deus, a Bíblia.

Incredulidade - Uma Moléstia que Destrói o Homem

Quando ouvimos tudo o que não vem de Deus, ficamos com uma doença espiritual que se chama incredulidade. É uma doença pior do que o câncer ou a AIDS, porque mata mais do que estes dois juntos.

> *Nos quais o deus deste século cegou os entendimentos dos incrédulos.*
>
> 2 CORÍNTIOS 4:4

Este versículo retrata que o diabo tem um "corpo" ligado a ele aqui na Terra, constituído por todas estes seres humanos que foram alvo das suas obras. Por isso, ficaram cegos espiritualmente, sem ver a verdadeira realidade que são as boas novas de Jesus Cristo. Assim, deixaram de exercer a fé que existe n'Ele.

Isto quer dizer que satanás tem poder sobre os incrédulos. Assim sendo, incredulidade acerca de Jesus Cristo é uma prisão invisível, mas real, que nos impede de ver a verdade.

A incredulidade contamina até mesmo pessoas que frequentam a Igreja, mas que não têm, verdadeiramente, as suas vidas em Jesus. Dentro delas ainda existem desejos de outras coisas.

> *Mas os CUIDADOS DESTE MUNDO, e os ENGANOS DAS RIQUEZAS e as AMBIÇÕES DE OUTRAS COISAS, entrando, sufocam a palavra, e fica infrutífera.*
>
> MARCOS 4:19

Mas a verdade de Cristo tem um poder em si mesma, assim como está descrito em:

> *E conhecereis a verdade, e a verdade vos libertará.*
> *Se, pois, o Filho vos libertar, verdadeiramente sereis livres.*
>
> JOÃO 8:32,36

Como disse anteriormente, as pessoas sem Cristo estão escravas do diabo, vivendo uma vida de mentira sobre mentira, dentro da própria mentira. Passam a vida sendo enganadas e manipuladas pelo diabo sem sequer saberem disso.

Então, de repente, coisas estranhas acontecem, quando parece que vai tudo bem. Divórcio, doença inesperada, dissensão na família, vício, insônia, pensamentos obsessivos e destrutivos, e por aí em diante. E tudo deve-se ao fato das pessoas negligenciarem a existência do diabo e de seus poderes.

Negligenciar o diabo não faz com que ele se afaste, pelo contrário. Na verdade, os espíritos malignos ficam muito confortáveis quando negligenciamos as suas manobras e artes de mentira.

A Bíblia nos alerta acerca deste assunto:

...não sejamos vencidos por satanás;
Porque não ignoramos os seus ardis.

2 CORÍNTIOS 2:10,11

Vós tendes por pai ao diabo, e quereis satisfazer os desejos de vosso pai. Ele foi homicida desde o princípio,
e não se firmou na verdade, porque não há verdade nele. Quando ele profere mentira, fala do que lhe é próprio, porque é mentiroso, e pai da mentira..

JOÃO 8:44

É de salientar que, mentir é um de muitos dos pecados que podemos cometer. Através da Bíblia entendemos que todo o poder do diabo se baseia na mentira. Ele, que é o pai da mentira, inunda a mente do Homem com idéias que deformam a realidade e a verdade que habita em Cristo Jesus.

Agora percebo porque Jesus diz muitas vezes: *"Na verdade, na verdade vos digo"*. Porque Ele quer que saibamos que nos diz sempre a verdade.

E o que é o pecado?

Em primeiro lugar, quando alguém peca, peca contra Deus. Só temos noção do pecado quando conhecemos a Deus. Por outras palavras, pecado é desobedecer à Palavra de Deus, que em tudo é Pura e Santa e, de acordo com João 1:1, a Palavra é o próprio Deus.

Alguém, que proceda sem os padrões Divinos em mente, está preso à vontade de satanás, agindo de acordo com o sistema de engano criado por ele neste mundo. E, por esse motivo, a sua vida não está segura em nenhum instante. Esta pessoa está escrava de satanás através da mente e poderá estar também escrava no corpo e no espírito. Será uma questão de tempo até começar a sentir os efeitos de tal tipo de vida. Essa pessoa está literalmente aprisionada ao inimigo, sendo induzida e solicitada diariamente a ceder à vontade deste.

Qual é a vontade do diabo para a vida do Homem? Deus também tem resposta para esta pergunta:

> *Porque as obras da carne são manifestas, as quais são: Prostituição, impureza, lascívia,*
> *Idolatria, feitiçarias, inimizades, porfias, emulações, iras, pelejas, dissensões, heresias,*
> *Invejas, homicídios, bebedices, glutonarias, e coisas semelhantes a estas, acerca das quais vos declaro, como já antes vos disse, que os que cometem tais coisas não herdarão o reino de Deus.*
>
> GÁLATAS 5:19-21

Este é o plano do inimigo: separar-nos do nosso Deus, que nos deu vida através de Jesus. Esta é a tática utilizada pelo diabo para levar o Homem a praticar o pecado, que, como já sabemos, é a única coisa que nos separa de uma vida abençoada por Deus em Jesus Cristo.

Para trazer mais luz ao nosso coração, vejamos o que a Bíblia diz sobre os efeitos do pecado na vida do Homem:

> *...as nossas culpas como um vento nos arrebatam.*
>
> ISAÍAS 64:6

> *Mas as vossas iniquidades fazem divisão entre vós e o vosso Deus: e os vossos pecados encobrem o seu rosto de vós, para que vos não ouça.*
>
> ISAÍAS 59:2

...os vossos pecados afastam de vós o bem.

JEREMIAS 5:25

Porque o salário do pecado é a morte, mas o dom gratuito de Deus é a vida eterna, por Cristo Jesus nosso Senhor.

ROMANOS 6:23

O inimigo sabe que, se nos induzir a pecar contra Deus, ganha a oportunidade de colocar sobre nós o salário do pecado, que é a separação de Deus. Logo, ficamos vulneráveis a toda a sorte de maldições, quer no nosso espírito, quer na nossa alma, como também no nosso corpo, o que nos leva à perdição eterna. Assim sendo, satanás fica em vantagem sobre nós.

Morte significa separação. Assim como quando uma pessoa morre o seu espírito é separado do corpo, ou quando um bebê nasce é separado de sua mãe pelo corte do cordão umbilical, quando o pecado nasce gera a separação entre Deus e o Homem. Quando morremos espiritualmente ficamos privados da vida que Deus tem para nos oferecer.

No entanto, se estivermos esclarecidos em Cristo e fugirmos do pecado, Satanás não poderá colocar sobre nós o que Deus colocou sobre Jesus na Cruz do Calvário. Se Jesus foi condenado por mim, por que então carregarei pela segunda vez o que Jesus já carregou por mim? Não faz sentido. Quando eu entendo esta verdade, então eu resisto ao diabo firmemente, digo a Deus que creio na Sua Palavra e que espero ser salvo, curado e liberto de toda a maldição descrita em Deuteronômio 28.

Quando Jesus Aparece, a Luz se Acende

Sujeitai-vos pois a Deus, RESISTI AO DIABO, E ELE FUGIRÁ DE VÓS.
CHEGAI-VOS A DEUS, E ELE SE CHEGARÁ A VÓS. Alimpai as mãos, pecadores; e vós de duplo ânimo, purificai os corações.

TIAGO 4:7,8

ARREPENDEI-VOS, pois, e CONVERTEI-VOS, para que SEJAM APAGADOS OS VOSSOS PECADOS, e VENHAM ASSIM OS TEMPOS DO REFRIGÉRIO PELA PRESENÇA DO SENHOR,

ATOS 3:19

Uma pessoa que ainda não tenha fé em Deus, necessita sair da prisão pelo único lugar possível: pela porta.

Jesus disse:

EU(Jesus) SOU A PORTA; se alguém entrar por mim, salvar-se-á, e entrará, e sairá, e achará pastagens.

JOÃO 10:9

Sairá de onde? Pergunta você. Sairá do sistema de engano e da cegueira espiritual, da doença, da tristeza, da angústia, da destruição e até mesmo da morte, para entrar no Reino dos Céus, no Reino da Verdade, onde Jesus é o Rei e Senhor. É um reino invisível, mas real. Esta pessoa cortará o "cordão umbilical", que a prendia a satanás, assim que entrar pela porta, que é Jesus.

Por que devo confiar em Jesus e tomar esta decisão?

> *O qual (Jesus) não cometeu pecado, NEM NA SUA BOCA SE ACHOU ENGANO.*
>
> 1 PEDRO 2:22

Porque Ele é verdadeiro, Ele nunca foi pego em uma mentirinha, branca sequer, nunca. Ele nunca foi pego anganando, pelo contrário, ele sempre foi Inocente, Puro e Santo.

> *Disse-lhe Jesus: Eu sou o caminho, E A VERDADE e a vida. Ninguém vem ao Pai, senão por mim.*
>
> JOÃO 14:6

Por quê?

Porque Jesus entrou neste mundo sem estar preso ao "sistema/organismo" criado por satanás. Ele nasceu livre, desligado do poder controlador do diabo. Ele não era de ascendência humana, mas sim, de semente Divina. Era homem sim, mas vinha de Deus. Era filho do Altíssimo:

E o diabo sabia disso:

> *...Que tenho eu contigo, Jesus, Filho do Deus Altíssimo? Conjuro-te por Deus que não me atormentes.*
>
> MARCOS 5:7

Satanás sabia que não tinha poder sobre Jesus, mas sim o contrário. Jesus não estava, nem está, debaixo do poder do engano. Por quê?

> *Porque se aproxima o príncipe deste mundo, e nada tem em*

mim;

JOÃO 14:30

Este versículo mostra que Jesus vinha do Pai e não tinha comunhão com as obras das trevas. Quem está nas trevas não entende as Suas Palavras, muito menos conhece a Sua pessoa.

Disse-lhes pois Jesus: Se Deus fosse o vosso Pai, certamente me amaríeis, pois que eu saí e vim de Deus; não vim de mim mesmo, mas ele me enviou.
Por que não entendeis a minha linguagem? POR NÃO PODERDES OUVIR A MINHA PALAVRA.
Vós tendes por pai ao diabo e quereis satisfazer os desejos de vosso pai: ele foi homicida desde o princípio e não se firmou na verdade, PORQUE NÃO HÁ VERDADE NELE; quando ele profere mentira, fala do que lhe é próprio, porque é mentiroso e pai da mentira.
Mas porque vos digo a verdade, não me credes.
Quem dentre vós me convence de pecado? E se vos digo a verdade, por que não credes?
Quem é de Deus escuta as palavras de Deus; por isso vós não as escutais, porque não sois de Deus.

JOÃO 8:42-47

A prisão é tão real que as pessoas acreditam que a realidade é aquela que este mundo as fez crer, como por exemplo as tradições em que foram ensinadas desde pequenas. Não acreditam n´Aquele que é a própria Verdade. As palavras de Jesus, apesar de verdadeiras e de levarem à Salvação Eterna, muitas vezes não são suportadas, e a razão é que estas pessoas têm por pai o diabo e nunca experimentaram o poder do amor de Cristo.

Jesus é a mais pura realidade; a Palavra de Deus é a

mais pura verdade. Concluindo, a única verdade existente, quer queiramos, quer acreditemos, quer não, é Jesus, o Cristo e Filho do Altíssimo.

E conhecereis a verdade, e a verdade vos libertará...

JOÃO 8:32

Isto quer dizer que conheceremos Jesus e Ele nos libertará. Espantoso! Além de Jesus ser livre, Ele tem o poder para libertar todo aquele que aceitar a verdade, isto é, Jesus tem o poder de tornar a pessoa livre como Ele também o é.

Em última instância, tornamo-nos como Ele é. (1 Jo 4:17)

Santifica-os (separa-os) na verdade: a tua palavra é a verdade.

JOÃO 17:17

Qualquer pessoa que carregar um fardo ou jugo pesado em sua vida, seja de que tamanho for, Jesus tem poder suficiente para a libertar deste peso que a esmaga, destes pensamentos que a destroem no seu interior, passando assim do reino de satanás para o reino de Deus.

Na verdade, na verdade vos digo que QUEM OUVE A MINHA PALAVRA, E CRÊ naquele que me enviou, tem a vida eterna, e não entrará em condenação, mas passou da morte para a vida.

JOÃO 5:24

Tão simples! Para sairmos da prisão temos de deixar estes três pontos para trás: o medo, a dúvida e a incredulidade. Aí sim, sairemos para a verdadeira vida, a realidade em Cristo, podendo dominar e conquistar este mundo, porque, então não dependeremos mais do príncipe deste mundo mas seremos superiores a este, em Cristo Jesus. Pertenceremos então a outro sistema: "o corpo de Cristo".

> *E sujeitou todas as coisas a seus pés, e sobre todas as coisas o constituiu como CABEÇA DA IGREJA,*
> *Que É O SEU CORPO, a plenitude daquele que cumpre tudo em todos.*
>
> EFÉSIOS 1:22,23

Deus é soberano no mundo espiritual e carnal, ao ponto de poder superar, refazer, ou transformar qualquer poder, norma ou lei existente neste Universo, exceto a nossa vontade própria, que é sagrada diante de Deus e dos demônios. Cabe a mim decidir a quem quero servir: se ao diabo ou se a Deus.

> *Pelo que também Deus o exaltou soberanamente, e lhe deu um NOME QUE É SOBRE TODO O NOME;*
> *Para que ao nome de Jesus SE DOBRE TODO O JOELHO dos que estão nos céus, e na terra, e debaixo da terra,*
> *E toda a língua confesse que Jesus Cristo é o Senhor, para glória de Deus Pai.*
>
> FILIPENSES 2:9-11

> *E, chegando-se Jesus, falou-lhes, dizendo: É-me dado todo o poder no céu e na terra.*
>
> MATEUS 28:18

Vejamos as passagens abaixo:

Jesus anda por cima do mar. (Mt 14:23-26; Mc 6:45-56; Jo 6:16-21)

Jesus ressuscita Lázaro. (Jo 11:1-45)

Jesus transfigura-se. (Mt 17:2; Mc 9:2; Lc 9:29)

É este mesmo Jesus, o Qual não pode ser contaminado nem sequer influenciado pelo sistema deste mundo, que tem poder de libertar os que estão cativos, revelando-lhes a Sua verdade, mostrando-lhes que ao abandonar a mentira, supostamente tida como verdade, e ao abraçar a Verdade, Jesus Cristo - o Filho do Deus vivo, podem ser livres, desligados para sempre de Satanás para viverem uma vida de sucesso. Podemos ser livres e vivos para toda a eternidade!

A liberdade começa quando nos despimos do que até então eram os nossos velhos pensamentos e os substituímos pelos pensamentos que são de Deus, pela Sua Palavra.

> *E não vos conformeis com este mundo, MAS TRANSFORMAI-VOS PELA RENOVAÇÃO DO VOSSO ENTENDIMENTO, para que experimenteis qual seja a boa,agradável e perfeita vontade de Deus.*
>
> ROMANOS 12:2

> *E vos renoveis no espírito do vosso sentido (mente),*
> *e vos revistais do novo homem, que segundo Deus é criado em verdadeira justiça e santidade.*
>
> EFÉSIOS 4:23,24

> *...mas nós temos a mente de Cristo.*
>
> 1 CORÍNTIOS 2:16

Assim, passamos a viver não com pensamentos egoístas, mas com os pensamentos de Cristo, crendo neles como a única realidade que conhecemos e vivendo não mais para construir o nosso próprio reino, mas o Reino de Deus.

> *JÁ ESTOU CRUCIFICADO COM CRISTO; e vivo, NÃO MAIS EU, MAS CRISTO VIVE EM MIM; e a vida que agora vivo na carne vivo-a na fé do Filho de Deus, o qual me amou, e se entregou a si mesmo por mim.*
>
> GÁLATAS 2:20

Muitas pessoas que já conhecem estas escrituras, continuam a agir contrariamente a elas, porque não conseguem mudar o estilo de vida. Elas não agem à altura das escrituras, logo não veem o poder da realidade de Cristo. Neste caso, as pessoas creem; no entanto não praticam.

Sabendo disto, exorto a todos a exercitarem a fé com ações e, assim, provarão que a fé está viva.

> *Assim também a FÉ, SE NÃO TIVER AS OBRAS, É MORTA em si mesma.*
> *Mas dirá alguém: Tu tens a fé, e eu tenho as obras; mostra-me a tua fé sem as tuas obras, e EU TE MOSTRAREI A MINHA FÉ PELAS MINHAS OBRAS.*
>
> TIAGO 2:17,18

A Vida De Jesus Em Nós

Quando escrevia estas linhas, Jesus falou ao meu espírito questionando-me:

- *"Já te conheces? Conhece-te a ti mesmo nas escrituras e*

então acontecerá tudo o que nelas está escrito acerca de ti. Age. Não espere que algo aconteça, mas faze tu acontecer. Não penses que és, acredita que és, porque Eu o disse. O medo, a dúvida e a incredulidade tem de ser deixados para trás."

Estas palavras fizeram o meu espírito pular dentro de mim. Resumidamente, o que Jesus me disse foi que este livro não fala apenas de Jesus, mas fala também de mim e da minha natureza, de quem sou, do que posso fazer. Fala do poder que tenho em Cristo, dos meus direitos aos olhos de Deus e qual a minha posição diante d´Ele.

O que estas palavras me dizem é: - *"Torna-te vivo na Palavra; sê a Palavra e faze esta Palavra acontecer."*

Uau!!! Posso andar aqui nesta Terra desfrutando diariamente do poder da Palavra de Deus no meu corpo mortal.

> *Trazendo sempre por toda a parte a mortificação do Senhor Jesus no nosso corpo, para que A VIDA DE JESUS SE MANIFESTE TAMBÉM NOS NOSSOS CORPOS.*
>
> 2 CORÍNTIOS 4:10

No entanto, há pessoas que não suportam a verdade. Um reflexo disso é a rejeição desta verdade.

Jesus disse:

> *Ainda tenho muito que vos dizer, mas vós não o podeis suportar agora.*
>
> JOÃO 16:12

Existem pessoas que estão tão absorvidas por este mundo que não conseguem aceitar a realidade de Cristo. As suas mentes se encontram escravas de pensamentos totalmente opostos a essa verdade, como já vimos.

Lembro-me de uma conversa com certa pessoa que me contou que seu pai estava com câncer e tinha pouco tempo de vida. Meu coração se moveu de íntima compaixão. Então, partilhei com ele acerca de Jesus, mas, para o meu espanto, ela me disse: - *"Admiro-te pela fé que tens, mas eu, neste momento, não consigo crer."*

Que tristes palavras estas. Como alguém pode viver sem fé nas promessas de Deus? Como alguém pode viver sem esperança de que Deus pode, quer e já livrou a Humanidade das suas dores há cerca de 2000 anos?

Naquela noite, lembro-me que chorei diante do Senhor porque senti a dor de um semelhante que vive neste mundo sem esperança.

Encorajo todo aquele que ler este livro a seguir o conselho bíblico:

> *Aguardando a bem-aventurada ESPERANÇA e o aparecimento da glória do grande Deus e nosso Senhor Jesus Cristo;*
>
> TITO 2:13

> *Segundo a minha intensa EXPECTAÇÃO e ESPERANÇA, de que em nada serei confundido; antes, com toda a confiança, CRISTO SERÁ, tanto agora como sempre, ENGRANDECIDO NO MEU CORPO, seja pela vida, seja pela morte.*
>
> FILIPENSES 1:20

> *Bem-aventurado aquele que tem o Deus de Jacó por seu auxílio, e cuja ESPERANÇA está posta no SENHOR seu Deus.*
>
> SALMO 146:5

Decida também hoje que Jesus será engrandecido na sua vida em todas as circunstâncias.

Lembro-me agora das palavras de um homem inglês

chamado Smith Wigglesworth, o grande Apóstolo da fé: - *"Não me impressiono com aquilo que sinto. Não me impressiono com aquilo que vejo. Impressiono-me apenas com aquilo em que acredito."*

Se realmente nos emocionamos com a nossa fé, isto nos aproxima de Deus e, toda a nossa vida é regada com a água da vida:

> *E Jesus lhes disse: Eu sou o pão da vida; AQUELE QUE VEM A MIM NÃO TERÁ FOME, E QUEM CRÊ EM MIM NUNCA TERÁ SEDE.*
> *Mas já vos disse que também vós me vistes, e contudo não credes.*
> *TUDO O QUE O PAI ME DÁ VIRÁ A MIM; e o que vem a mim de maneira nenhuma o lançarei fora.*
> *Porque eu desci do céu, não para fazer a minha vontade, mas a vontade daquele que me enviou.*
> *E A VONTADE DO PAI QUE ME ENVIOU É ESTA: Que nenhum de todos aqueles que me deu se perca, MAS QUE O RESSUSCITE NO ÚLTIMO DIA.*
>
> JOÃO 6:35-39

Que Deus maravilhoso! Acheguemo-nos a Ele com confiança! Deixemos aquelas coisas que ainda nos prendem ao nosso próprio reino e tomemos posse do Reino Celestial, cuja fonte é Deus, nosso Refrigério, nossa Paz, nosso Médico, nossa Vitória e nosso Salvador!

Decida agora mesmo viver tudo o que Deus tem para si. Repita comigo estas palavras: - *"Tudo o que Deus me deu virá a mim, em nome de Jesus Cristo!"*

Capítulo 2

FOQUE O SEU CORAÇÃO

Um dos piores perigos pelo qual a nossa vida passa chama-se perda do foco, ou foco no local errado. Pessoalmente creio que, quando isso acontece, estamos sob a influência de um ou mais demônios.

Para melhor entendermos este fenômeno, temos de entender que toda a gerência da nossa vida se passa na nossa mente (alma). A Bíblia nos diz que a mente é uma das partes que constitui o Homem:

> *E o mesmo Deus de paz vos santifique em tudo; e todo o vosso ESPÍRITO, e ALMA, e CORPO, sejam plenamente conservados irrepreensíveis para a vinda de nosso Senhor Jesus Cristo.*
>
> 1 TESSALONICENSES 5:23

O Homem é, por assim dizer, uma trindade. Durante a nossa caminhada neste mundo teremos que nos salvaguardar de cair nesta cilada do diabo, para que cumpramos com sucesso toda a vontade de Deus para a nossa vida. Para que a bênção de Deus nos acompanhe, durante a nossa passagem nesta terra, precisamos em tudo estar focados em Jesus como autor e consumador da Fé. Ele é a causa de nós, homens, termos acesso à vida eterna. Em nenhum outro há Salvação. Nem no céu, nem debaixo deste existe outro nome pelo qual possamos ser salvos.

E EM NENHUM OUTRO HÁ SALVAÇÃO, porque também debaixo do céu nenhum outro nome há, dado entre os homens pelo qual devamos ser salvos.

ATOS 4:12

Ele também é o único Deus que existe, apesar de existirem muitos candidatos para substituir o Senhor da vida e o Amor em pessoa. A Sua Palavra nos diz que não existe outro Deus senão Ele:

Por isso hoje saberás, e refletirás no teu coração, que SÓ O SENHOR É DEUS, em cima no céu, e em baixo na terra; NENHUM OUTRO HÁ.

DEUTERONÔMIO 4:39

Ele é o nosso exemplo em tudo. Por isso, devemos ocupar nossos pensamentos n'Ele, pois é o único Deus que livra e que trabalha em favor daquele que o serve.

No entanto, algumas pessoas infelizmente são enganadas pelo inimigo, sendo convencidas que existem deuses alternativos. Satanás é exímio em criar caminhos falsos para confundir a mente e, consequentemente, o coração do Homem. Ele é mentiroso desde o início e quando mente fala do que lhe é familiar e comum. Por esse motivo, temos de estar atentos a qualquer pensamento contrário à realidade de Cristo.

Vamos então entender como satanás nos desfoca:

E, acabada a ceia, tendo já O DIABO POSTO NO CORAÇÃO DE JUDAS ISCARIOTES, filho de Simão, que o traísse.

JOÃO 13:2

Como vemos aqui, quem coloca OS PENSAMENTOS DE DERROTA, TRAIÇÃO, DESISTÊNCIA, IRA, E OUTROS PENSAMENTOS DESTRUTIVOS no Homem é o diabo. Muitas vezes, pensamentos que envolvem zangas, iras, traições, guerras, desentendimentos, inveja, apontar de dedos, vaidade, desejos descontrolados, consultas ao oculto, entre outros, e que nos levam a sentir condenação, desprezo, desânimo, auto compaixão, perda do domínio próprio, etc., são produzidos por satanás com o intuito de nos afastar de Deus.

Não podemos ignorar o fato de que, apesar de os espíritos malignos não serem visíveis, eles existem e são tão reais como Deus é real. Eles, inclusive, têm poder sobrenatural para usar em favor dos seus objetivos.

> *Sede sóbrios; vigiai; porque o diabo, vosso adversário, anda em derredor, bramando como leão, BUSCANDO A QUEM POSSA TRAGAR.*
>
> 1 PEDRO 5:8

A Bíblia tem uma passagem em que Jesus expõe claramente os demônios e suas características:

> *E, quando o espírito imundo tem saído do homem, anda por lugares áridos, buscando repouso, e não o encontra.*
> *Então diz: Voltarei para a minha casa, de onde saí. E, voltando, acha-a desocupada, varrida e adornada.*
> *Então vai, e leva consigo outros sete espíritos piores do que ele, e, entrando, habitam ali; e são os últimos atos desse homem piores do que os primeiros. Assim acontecerá também a esta geração má.*
>
> MATEUS 12:43-45

Podemos ver neste texto que os demônios são seres que desejam uma habitação, ou seja, um corpo. E quando são obrigados a sair do corpo humano que antes possuíam, eles sofrem muito percorrendo lugares secos e estéreis, que eu creio serem lugares onde nada acontece de bom; lugares tenebrosos longe de Deus e do seu amor, devido à maldição que paira sobre estes demônios desde que foram expulsos do céu (Ez 28:13-19).

Também podemos ver aqui nesta passagem que os demônios sabem procurar; eles são excelentes examinadores de vidas. Eles examinam a vida da pessoa nos mínimos detalhes a fim de tentarem achar uma entrada, um meio através do qual possam iniciar a sua atividade na vida da pessoa.

Existem três formas de entrada de satanás na vida de alguém: através da visão, da audição ou do olfato.

Visão - Os demônios levam a pessoa a ver livros, revistas, programas de televisão, filmes, imagens que incitam ao ódio, à luxúria, à bebida, às drogas, aos crimes, à violência, etc. Eles injetam na alma do Homem imagens que o levam a desejar e a agir de forma indigna. Quando isto acontece, os demônios ganham acesso à mais íntima fonte de vida: o coração ou espírito humano.

> *Sobre tudo o que se deve guardar, GUARDA O TEU CORAÇÃO, porque DELE PROCEDEM AS SAÍDAS DA VIDA.*
> PROVÉRBIOS 4:23

Esse é sempre o alvo do diabo: cativar o coração ou espírito do Homem.

Vejamos agora a segunda forma pela qual Satanás pode entrar:

Audição - Existem sons e batidas, normalmente repetitivas, que levam espíritos de todos os tipos a ter acesso à vida do ser Humano. Algumas tribos indígenas, por exemplo, incluem nos seus ritos espirituais estes tipos de sons e batidas, nas músicas que abrem "portas espirituais" ao serem ouvidas e dançadas.

A terceira forma é o Olfato:

Olfato - Um dos cheiros mais usados é o do incenso. Demônios são atraídos quando pessoas usam incenso. É um dos mais sutis meios que o diabo utiliza. Existem outros cheiros, mas o mais comum é este, que leva a pessoa a uma espécie de relaxamento mental.

> *E QUEIMARAM ALI INCENSO em todos os altos, como as nações, que o SENHOR transportara (expulsara) de diante deles: E FIZERAM COISAS RUINS, PARA PROVOCAREM À IRA O SENHOR.*
>
> 2 REIS 17:11

Juntamente com a queima de incenso vemos que eles praticavam coisas ruins, com o objetivo de levar Deus a irar-se. Durante essas práticas, enquanto o povo queimava incenso, os demônios aproveitavam para levar as pessoas a praticarem atos extremamente desagradáveis aos olhos de Deus.

Logo no verso a seguir vemos outro aspecto que leva demônios a ganharem poder sobre a vida das pessoas.

> *E SERVIRAM OS ÍDOLOS, dos quais o Senhor lhes dissera: Não fareis estas coisas.*
>
> 2 REIS 17:12

O apóstolo Paulo também alertou para este fato:

> *Mas que digo? QUE O ÍDOLO É ALGUMA COISA? Ou que o sacrificado ao ídolo é alguma coisa?*
> *Antes digo que as coisas que os gentios sacrificam, as sacrificam aos demônios, e não a Deus. E não quero que sejais participantes com os demônios.*
> *Não podeis beber o cálice do Senhor e o cálice dos demônios: não podeis ser participantes da mesa do Senhor e da mesa dos demônios.*
> *Ou irritaremos o Senhor? Somos nós mais fortes do que ele?*
>
> 1 CORÍNTIOS 10:19-22

Também podemos observar o que diz o livro de Isaías:

> *Eu sou o SENHOR; este é o meu nome; a minha glória pois a outrem não darei, NEM O MEU LOUVOR ÀS IMAGENS DE ESCULTURA.*
>
> ISAÍAS 42:8

De fato, um ídolo pode ser uma imagem de pedra, madeira, ou de outro material. Pode ser ainda um objeto, que não uma imagem de uma pessoa ou animal. E, como vimos, Deus diz que o louvor é para Ele e não para imagens feitas pelas mãos dos homens.

O ídolo é alguma coisa que ocupa no nosso coração o lugar que Deus deveria ocupar. Quando veneramos imagens esculpidas, objetos, ou outra coisa que não o Altíssimo, abrimos portas enormes à atividade demoníaca nas nossas vidas.

Muitas pessoas caem neste erro, simplesmente porque pensam apenas que matar é errado (sexto mandamento), furtar é errado (oitavo mandamento) e assim por diante. Mas desconhecem o que o primeiro e o segundo mandamento nos dizem:

> *NÃO TERÁS OUTROS DEUSES diante de mim.*
> *NÃO FARÁS PARA TI IMAGEM DE ESCULTURA, nem alguma semelhança do que há em cima nos céus, nem em baixo na terra, nem nas águas debaixo da terra.*
> *NÃO TE ENCURVARÁS A ELAS NEM AS SERVIRÁ: porque eu, o Senhor teu Deus, sou Deus zeloso, que visito a maldade dos pais nos filhos até a terceira e quarta geração daqueles que me aborrecem.*
>
> ÊXODO 20:3-5

Como Deus nunca muda, ele é o mesmo eternamente, Ele continua a dizer hoje que é um perigo fazer imagens e servi-las, pois automaticamente a pessoa fica amaldiçoada e os demônios ganham acesso à vida dela.

O que devemos então fazer se tivermos imagens na nossa casa, seja de ouro, prata, madeira, pedra, seja de que tamanho e forma forem?

> *AS IMAGENS DE ESCULTURA DE SEUS DEUSES QUEIMARÁS A FOGO; a prata e o ouro que estão sobre elas não cobiçarás, nem os tomarás para ti, PARA QUE NÃO TE ENLACES NELES; pois ABOMINAÇÃO É AO SENHOR TEU DEUS.*
> *NÃO PORÁS, POIS, ABOMINAÇÃO EM TUA CASA, para que não sejas anátema, assim como ela: DE TODO A DETESTARÁS, E DE TODO A ABOMINARÁS, porque anátema é.*
>
> DEUTERONÔMIO 7:25,26

Outra forma dos demônios terem acesso ao coração

da pessoa é através de práticas de ocultismo, de jogos (como por exemplo o jogo do copo), de consultas espirituais, do espiritismo, etc.

Tenho visto pessoas sofrerem porque um dia fizeram uma destas coisas que acabei de descrever ou mesmo, várias. Quando isto acontece, só com o poder de Jesus essa pessoa pode ser liberta.

Similarmente, qualquer objeto usado ou consagrado a qualquer espírito, estamos proibidos, por Deus, de usar tal coisa, pois atrairia atividade demoníaca.

> *Quando ouvires dizer de alguma das tuas cidades que o Senhor teu Deus te dá, para ali habitar:*
> *Uns homens filhos de Belial, saíram do meio de ti, que incitaram os moradores da sua cidade, dizendo: Vamos, e sirvamos a outros deuses que não conhecestes;*
> *E ajuntarás todo o seu despojo no meio da sua praça; e a cidade e TODO O SEU DESPOJO QUEIMARÁS TOTALMENTE PARA O SENHOR TEU DEUS, e será montão perpétuo, nunca mais se edificará.*
> *Também NÃO SE PEGARÁ À TUA MÃO NADA DO ANÁTEMA, para que o Senhor se aparte do ardor da sua ira, e te faça misericórdia, e tenha piedade de ti, e te multiplique, como jurou a teus pais;*
> *Quando ouvires a voz do Senhor teu Deus, para guardares todos os seus mandamentos, que hoje te ordeno, para fazeres o que for reto aos olhos do Senhor teu Deus.*
>
> DEUTERONÔMIO 13:12-18

Quando vamos comprar coisas usadas, devemos questionar de onde vieram e para que foram usadas antes de trazermos para a nossa casa. Se Deus avisou o povo de Israel naquele tempo, também nos dá esse conselho hoje, para que a nossa vida esteja firme na rocha, que é Jesus.

Se descobrimos em nossa casa objetos desse tipo, devemos destruí-los, queimando-os tal e qual Deus nos ensina em Deuteronômio.

O apóstolo Paulo sabia muito bem disto:

> *Também muitos DOS QUE SEGUIAM ARTES MÁGICAS TROUXERAM OS SEUS LIVROS, e OS QUEIMARAM na presença de todos, e, feita a conta do seu preço, acharam que montava a cinquenta mil peças de prata.*
> *ASSIM A PALAVRA DO SENHOR CRESCIA PODEROSAMENTE E PREVALECIA.*
>
> ATOS 19:19,20

Podemos experimentar grande poder quando obedecemos às instruções de Deus, seguindo o exemplo deste povo que obedeceu à Palavra de Deus pregada por Paulo.

Quando em Mateus 12:44, o espírito imundo disse: - *"Voltarei para a minha casa, de onde saí"*, podemos ver que os demônios pensam e tem memória, pois sabem de onde saíram e querem voltar para lá a todo o custo. E quando voltam, levam outros com eles para garantirem o sucesso desta vez. Isto mostra persistência, determinação e organização.

Por estes motivos todos, nunca devemos esquecer o que o Espírito Santo disse através do apóstolo Paulo:

> *E a quem perdoardes alguma coisa também eu; porque, o que eu também perdoei, se é que tenho perdoado, por amor de vós o fiz na presença de Cristo; PARA QUE NÃO SEJAMOS VENCIDOS POR SATANÁS;*
> *Porque NÃO IGNORAMOS OS SEUS ARDIS.*
>
> 2 CORÍNTIOS 2:10,11

Não podemos ignorar a verdade contida nesta passagem. E note que ainda há muito mais para dizer. Para não sermos vencidos por satanás, devemos conhecer as suas estratégias.

O que devemos fazer então?

Renovai a Vossa Mente

E não vos conformeis com este mundo, mas transformai-vos pela RENOVAÇÃO DO VOSSO ENTENDIMENTO, para que experimenteis qual seja a boa, agradável, e perfeita vontade de Deus.

ROMANOS 12:2

Quanto ao mais, irmãos, tudo o que é VERDADEIRO, tudo o que é HONESTO, tudo o que é JUSTO, tudo o que é PURO, tudo o que é AMÁVEL, tudo o que é de BOA FAMA, SE HÁ ALGUMA VIRTUDE, e SE HÁ ALGUM LOUVOR, NISSO PENSAI.

FILIPENSES 4:8

Resistir a satanás

Ao qual (satanás) RESITI FIRMES NA FÉ, sabendo que as mesmas aflições se cumprem entre os vossos irmãos no mundo.

1 PEDRO 5:9

Sujeitai-vos, pois, a Deus; resisti ao diabo (na FÉ), e ele FU-

GIRÁ de vós.

TIAGO 4:7

A fé é o único antídoto para vencer qualquer espírito maligno que encontrou entrada na vida de alguém. No entanto, é necessário realçar que a fé tem de estar apoiada única e exclusivamente na infalível, incorruptível e eterna Palavra de Deus.

Vejamos as passagens a seguir:

> *Pais, escrevo-vos, porque conhecestes aquele que é desde o princípio. Jovens, escrevo-vos, PORQUE VENCESTES O MALIGNO. Eu vos escrevi, filhos, PORQUE CONHECESTES O PAI.*
> *Eu vos escrevi, pais, porque já conhecestes aquele que é desde o princípio. Eu vos escrevi, jovens, porque sois fortes, E A PALAVRA DE DEUS ESTÁ EM VÓS, E JÁ VENCESTES O MALIGNO.*
>
> 1 JOÃO 2:13,14

> *Sabemos que todo aquele que é nascido de Deus não peca; mas o que de Deus é gerado conserva-se a si mesmo, E O MALIGNO NÃO LHE TOCA.*
>
> 1 JOÃO 5:18

Na verdade, se crermos que Deus está nos dizendo a verdade aqui nestas passagens, erguermo-nos da nossa situação de derrota, ou de maldição, para uma posição de vitória, através do conhecimento do Filho de Deus, Jesus Cristo, que é desde o princípio. Com fé no que sabemos sobre Jesus poderemos destruir qualquer poder satânico, simplesmente colocando Suas promessas no nosso coração e proclamando-as. Deus não mente e nem falha conosco. Lembre-se que Ele não quebra o Seu conserto com os Seus filhos.

> *Contudo EU ME LEMBRAREI DA MINHA ALIANÇA, que fiz contigo nos dias da tua mocidade; E ESTABELECEREI CONTIGO UMA ALIANÇA ETERNA.*
>
> EZEQUIEL 16:60

Que maravilhoso! Deus estabeleceu eternamente a Sua aliança conosco como um sinal da Sua misericórdia, e nunca se esquece dela. Aceitar Jesus é, portanto, a única porta para a libertação dos poderes do reino das trevas.

Se, ao ler estas boas notícias, você reconhece que é uma pessoa que está debaixo de um desses poderes das trevas, profira estas palavras agora:

"Senhor Jesus, perdoa os meus pecados (confesse a Deus o que o/a perturba). Eu entrego-te a minha vida; sê o Senhor da minha vida a partir deste momento. Que a Tua vida eterna flua através de mim agora, e que a alegria da Tua Salvação inunde o meu coração. Não aceito nenhuma maldição na minha vida. Eu quebro toda a maldição, em nome de Jesus. Rejeito e quebro todo o pacto ou acordo feito com demônios. Obrigado Jesus por teres conquistado a minha vida e por me teres dado a Tua vida eterna. Aleluia!!!"

> *Cristo NOS RESGATOU DA MALDIÇÃO DA LEI, fazendo-se maldição por nós; porque está escrito: Maldito todo aquele que for pendurado no madeiro;*
> *PARA QUE A BÊNÇÃO DE ABRAÃO CHEGASSE AOS GENTIOS (você e eu) por Jesus Cristo, e para que pela fé nós recebamos a promessa do Espírito.*
>
> GÁLATAS 3:13,14

Que Jesus maravilhoso! Ele se fez maldito para que nós sejamos benditos. Glória a Ele para sempre!!! Nós deveríamos ter sido crucificados, não Ele. No entanto, Ele se humilhou para que nós fossemos vencedores.

Não deixe o diabo colocar sobre você o que Deus colocou sobre Jesus. Se Jesus pagou o preço pela sua desobediência passada, não deixe o diabo enganá-lo e sobrecarregá-lo com a mesma maldição. Lembre-se que um crime recebe apenas uma sentença. Se Jesus foi sentenciado por você, por que pagar de novo?

Não Permitir Que a Sua Mente (Seus Pensamentos) Saiam Do Objetivo

E ao servo do Senhor NÃO CONVÉM CONTENDER, mas, sim, SER MANSO para com todos, APTO PARA ENSINAR, SOFREDOR;
instruindo com mansidão os que resistem, a ver se, porventura, Deus lhes dará arrependimento para conhecerem a verdade
e tornarem a despertar, desprendendo-se dos laços do diabo, em cuja vontade estão presos.

2 TIMÓTEO 2:24-26

Devemos focarmo-nos no cumprimento da nossa missão como servos e servas de Deus: com mansidão para com todos, aptos para ensinar.

Como servos de Deus não podemos dar lugar ao diabo na nossa vida.

No entanto, podemos ser tentados a fazer a obra de Deus pela força e não com mansidão, como somos exortados. Isto nos leva a pagar faturas caríssimas.

Como se sabe, é no mundo dos sentimentos que Satanás tem as maiores demonstrações do seu poder e é nesse campo que ele consegue obter vantagem na nossa vida.

No entanto, a verdade é esta: quando o nosso coração está cheio da Palavra de Deus, cheio de fé, e colocamos nos nossos lábios as promessas de Deus, o diabo não nos pode tocar. Todas as intenções do diabo sobre a nossa vida tornam-se ineficazes. Assim podemos ser poderosos contra as intenções enganadoras de satanás.

> *No demais, irmãos meus, fortalecei-vos no Senhor e na força do seu poder.*
> *Revesti-vos de toda a armadura de Deus, para que possais estar firmes contra as astutas ciladas do diabo.*
> *Tomando SOBRETUDO O ESCUDO DA FÉ, com o qual podereis apagar todos os dardos inflamados do maligno.*
>
> EÉSIOS 6:10,11,16

Atenção! Paulo está dizendo que a peça mais importante da armadura de Deus é a Fé. É ela que nos defende de todo o poder sobrenatural de satanás.

Tenho visto pessoas envolvidas em situações criadas por satanás que, aos olhos humanos, seriam impossíveis de terem solução.

Lembro-me de casais à beira do divórcio que acabaram mais enamorados do que nunca, pessoas com doenças incuráveis que foram curadas, pessoas atormentadas por demônios que ficaram libertas no mesmo momento em que creram em Jesus Cristo e na Sua Palavra.

Podemos ler em Mateus 4:1-11, que Jesus, após ser tentado várias vezes por Satanás, resistiu até ao fim, confessando a palavra de Deus, relembrando ao diabo que Deus nunca muda as Suas palavras e que o que Deus promete Ele cumpre.

E assim, podemos ler no versículo 11 *"...então o diabo o deixou..."*

Sendo Jesus nosso mestre, julgo ser inteligente seguirmos o Seu exemplo.

Tal e qual o diabo fez com Jesus, tentando minar a Sua confiança em Deus, o Pai, ele irá também tentar minar a nossa confiança em Deus.

Não parece estranho que quarenta dias antes do diabo tentar a Jesus, Deus havia Lhe falado do Céu: *"Tu és meu Filho amado em quem me comprazo"* (Marcos 1:11), e, mesmo assim, satanás veio com desafios, começando por dizer: *"Se tu és o Filho de Deus.... Se tu és o Filho de Deus..."* ? Este é o maior e pior ataque às nossas vidas: quando Satanás mina a confiança que temos na Palavra de Deus.

Não precisamos provar nada a ninguém! Não precisamos provar que somos também, como Jesus, filhos do Deus altíssimo, não precisamos provar que temos o Espírito Santo dentro de nós, que somos santos, que somos cheios da Justiça de Deus, porque Deus já declarou que somos tudo isso e muito mais n'Ele. ALELUIA!!! Assim, podemos descansar e confiar n'Ele, porque somos tudo isto não pelos nossos méritos. Somos e podemos tudo em Jesus, que nos fortalece.

Como Vencer o Maligno

Noutra passagem da Bíblia, claramente nos é mostrado como os crentes, que João viu, venceram o maligno.

> *E foi precipitado o grande dragão, a antiga serpente, chamada o Diabo, e Satanás, que engana todo o mundo; ele foi precipitado na terra, e os seus anjos foram lançados com ele.*
> *E ouvi uma grande voz no céu, que dizia: Agora é chegada a salvação, e a força, e o reino do nosso Deus, e o poder do seu Cristo; porque já o acusador de nossos irmãos é derrubado, o qual diante do nosso Deus os acusava de dia e de noite.*
> *E ELES O VENCERAM PELO SANGUE DO CORDEIRO e PELA PALAVRA DO SEU TESTEMUNHO; e não amaram as suas vidas até à morte.*
>
> APOCALIPSE 12:9-11

Nos tempos bíblicos, cada pessoa que clamava a Jesus que a perdoasse, que curasse, ou libertasse, Ele prontamente atendia. Hoje, da mesma forma, através da Palavra de Deus, eu posso reivindicar com a minha boca as Suas promessas e crer que se cumprirão mesmo sem ainda ver o resultado. Assim, estas promessas serão manifestas.

> *Porque em verdade vos digo que qualquer que DISSER a este monte: Ergue-te e lança-te no mar, e NÃO DUVIDAR EM SEU CORAÇÃO, MAS CRER QUE SE FARÁ AQUILO QUE DIZ, TUDO O QUE DISSER LHE SERÁ FEITO.*
> *Por isso vos digo que todas as coisas que pedirdes, orando, credes receber, e tê-las-eis.*
>
> MARCOS 11:23,24

Com base nesta passagem bíblica eu sei que podemos orar a Deus, em Cristo, sobre qualquer assunto, de acordo com as escrituras, com a certeza que seremos ouvidos em tudo. E assim como orarmos, nos será feito.

Quando colocamos esta verdade em prática, devemos

crer que Deus nos ouve e responde na hora e não depois. Devemos crer que recebemos o que precisamos na hora e não depois. E, como atitude de agradecimento, temos de nos alegrar com confiança porque Deus cumpre sempre a Sua Palavra. Isto é fé!

Um dos maiores exemplos de fé que Jesus deu foi na ressurreição de Lázaro. Vejamos o que Ele disse quando Lázaro ainda estava morto:

> *...Pai, graças te dou, por me haveres ouvido.*
>
> JOÃO 11:41

No entanto, o morto continuava morto como antes. Isto me diz que Jesus orou antecipadamente a Deus para ressuscitar a Lázaro e que Ele ficou completamente convicto de que Deus, o Pai, tinha respondido positivamente à Sua oração. Ele estava cheio de certeza de que Deus o tinha ouvido a respeito do que tinha orado.

Depois, Jesus agiu de acordo com a Sua fé:

> *...clamou com grande voz: Lázaro, sai para fora.*
>
> JOÃO 11:43

E, como sabemos, Lázaro ressuscitou de fato. Importante é perceber que fé e ação de acordo com o que se crê são a chave para operar no sobrenatural de Deus. Como vemos neste caso, as palavras de Jesus não estavam de acordo com o que Ele via: Lázaro estava morto. Mas estavam de acordo com a Palavra e vontade de Deus. Lembre-se: independentemente do que os seus sentidos lhe transmitem, a sua fé continua com o mesmo poder.

> *Disse-lhe Jesus: EU SOU A RESSURREIÇÃO E A VIDA;*

quem crê em mim, ainda que esteja morto, viverá;

JOÃO 11:25

Morte pode ser física ou espiritual. Morte significa separação. No caso físico é o espírito que se separa do corpo e no caso espiritual é o espírito que se separa de Deus.

Como vimos aqui, fé não tem nada a ver com sentimentos, visão, olfato, tato, audição. Estes são sentidos naturais. No entanto, fé é sobrenatural, ou seja, não obedece às leis físicas ou naturais. Fé é uma realidade que os meus sentidos podem registar como sendo nada.

O que acontece entre os meus sentimentos e a fé em Cristo é literalmente uma guerra.

Digo, porém: Andai em Espírito, e não cumprireis a concupiscência da carne.
Porque a carne cobiça contra o Espírito, e o Espírito contra a carne; e estes opõem-se um ao outro, para que não façais o que quereis.

GÁLATAS 5:16,17

É uma contínua guerra entre o meu espírito (fé) e a minha carne (sentidos), como podemos ver nos dois versículos anteriores. Fé é uma lei espiritual ou sobrenatural. Os sentidos são naturais e apenas registram o que se passa no mundo visível. Fé é um poder que opera à parte do que sentimos. Mesmo quando os sentimentos não são os melhores, a fé continua a agir na sua vida porque ela não depende do que você sente.

Mas, como está escrito: As coisas que o olho não viu, e o ouvido não ouviu, E não subiram ao coração do homem, são as que

Deus preparou para os que o amam.
Mas Deus no-las revelou pelo seu Espírito; porque o Espírito penetra todas as coisas, ainda as profundezas de Deus.
1 CORÍNTIOS 2:9-10

Se não agirmos na fé, nunca veremos as coisas que Deus tem preparado para nós.

Muitas pessoas dizem que precisam ver para crer. Deus diz: *"Crê e verás!"*

Não existe outro método para tomarmos posse daquilo que nos pertence, em Cristo, a não ser pelo caminho da fé em Jesus e Suas promessas.

Fé é única e exclusivamente suportada pela Palavra de Deus e nada mais. Muitas pessoas dizem que creem que Jesus salva, que Jesus cura, no entanto, recebendo a Salvação pela fé, não recebem a cura para as suas enfermidades. Por quê? Porque não falam e nem agem de acordo com a Palavra de Deus.

Lembro-me de um dia em que tive uma dor de cabeça tão forte que não conseguia levantar-me da cama. Neste mesmo dia eu tinha de ir pregar num grupo familiar da igreja. Cheguei ao meu limite de horário. Tinha de me levantar se quisesse chegar a tempo. No entanto, aquela dor era tão terrível que até abrir os olhos era doloroso. Eu tinha fé que Jesus tinha levado as minhas dores sobre Ele, mas, até aquele momento, apenas me tinha limitado a deitar-me e a sofrer a dor. Foi quando em meu coração decidi agir de acordo com a Palavra de Deus. Levantei-me, crendo que Jesus tinha levado as minhas dores e confessando que já tinha sido sarado pelas suas pisaduras (Is 53:4,5; Mt 8:16-17). Dirigi-me para o grupo familiar ainda sentindo aquela terrível dor de cabeça. No momento em que abri a boca para iniciar a mensagem a dor me deixou.

Aleluia!! Funcionou!! Deus viu que eu tinha-me levantado com determinação de concretizar o meu compromisso, com plena fé de que Ele já me tinha sarado. No momento em que eu comecei a falar Ele operou o milagre.

Descobri, ao longo dos anos, que Deus gosta quando nós não aceitamos um não como resposta, especialmente se estamos passando por uma enfermidade ou dor.

Numa outra ocasião, era eu ainda um novo cristão quando fui chamado para orar por uma pessoa que estava tremendamente atormentada. Minutos antes, aquela pessoa tinha saído para a rua com uma faca para fazer justiça com as próprias mãos.

Quando me aproximei dela, ajoelhei-me e orei ao Senhor dizendo:

"Tenho observado a Tua Palavra, e neste momento necessito que ela se torne real para mim para que esta pessoa possa ser liberta desta prisão. Eu li na Tua Palavra que aquele que crê fará as mesmas obras que Jesus fez ou maiores ainda, por isso creio que Tu operarás hoje da mesma forma que fizeste antes."

Após ter feito isso, levantei-me com certeza de que Deus me tinha ouvido. A pessoa em questão estava deitada num sofá e não queria ver, nem ouvir ninguém, devido ao seu estado bastante descontrolado. Quando cheguei mais perto, ela me disse: - *"Não quero ver você! Saia daqui!"* E tentou agredir-me com pontapés. Quando ouvi estas palavras discerni no meu espírito que não era ela quem estava falando, mas, sim, um espírito maligno.

Quando então percebi que estava diante de um demônio, em mim cresceu grande ousadia e ordenei ao demônio que saísse dela, fazendo o que a Bíblia ensina. Naquele mesmo momento, a pessoa sentiu duas mãos a sufocá-la e começou a gritar: - *"Vou morrer! Vou morrer!"*. Então, exerci de novo a minha fé e falei: - *"Você nã vai morrer, mas sim viver!"*. A seguir, toquei nela e disse de novo ao demônio que ele tinha de sair em Nome de Jesus Cristo! Naquele mesmo instante a pessoa expirou como se tivesse morrido. No entanto, eu sentia o seu respirar e o seu coração a bater. Entendi que o espírito maligno a tinha deixado.

Ela ficou inconsciente cerca de quarenta e cinco minutos e, quando se levantou, foi como se nada tivesse acontecido.

Desta forma, descobri que agir na Palavra de Deus funciona sempre e que, tal e qual a fé funcionava quando as pessoas estavam na presença de Jesus, funciona hoje quando agimos na fé Na Palavra de Deus. Posso ter toda a fé do mundo, mas se não fizer nada com ela a minha fé é morta e não produz resultados nenhum. Ação sobre a Palavra de Deus sempre traz do sobrenatural a manifestação.

> *JESUS CRISTO É O MESMO, ONTEM, E HOJE, E ETERNAMENTE.*
>
> HEBREUS 13:8

> *Todo aquele, pois, que escuta estas minhas palavras, e as pratica, assemelhá-lo-ei ao homem prudente, que edificou a sua casa sobre a rocha;*
>
> MATEUS 7:24

Como, por exemplo, aconteceu com Pedro, que tendo pescado toda a noite não apanhou nada. No outro dia

Jesus disse-lhe para ir novamente lançar as redes. A resposta de Pedro foi:

> *E, respondendo Simão, disse-lhe: Mestre, havendo trabalhado toda a noite, nada apanhamos; mas,* SOBRE A TUA PALAVRA, LANÇAREI A REDE.
> *E, fazendo assim, colheram uma grande quantidade de peixes, e rompia-se-lhes a rede.*
>
> LUCAS 5:5-6

Vimos que Pedro tinha feito a mesma coisa antes, sem resultados. No entanto, quando o fez, com fé nas Palavras de Jesus, um tremendo milagre aconteceu.

O que ele fez de diferente então?

Desta vez, Pedro uniu a ação à fé nas Palavras de Jesus e algo de extraordinário aconteceu.

Uma outra grande verdade é o que está escrito no livro de Mateus:

> *E, desde os dias de João o Batista até agora, se faz violência ao reino dos céus,* E PELA FORÇA SE APODERAM DELE.
>
> MATEUS 11:12

Estou convicto que, até uma pessoa estar profundamente determinada a viver com Deus, nunca poderá provar a plenitude do Reino dos Céus. Essa pessoa tem de estar disposta a lutar para se apoderar do Reino Celestial.

Temos de entender que a nossa cabeça está a prêmio, pois satanás quer nossas vidas. Para vencermos, precisamos ter uma "fé violenta", uma fé que não aceita um não quando a Palavra de Deus diz SIM!!!

Quando alguém decide crer, é como se uma auto-estrada se abrisse para invadir o terreno de satanás, para destruir seus poderes que levam a humanidade ao pecado, à enfermidade e a ficar debaixo do seu controle.

Quando vejo fé numa pessoa, oro com toda a confiança sabendo que o resultado será o esperado e desejado. Também aprendi que fé é tudo o que Deus precisa para nos abençoar. Deus não precisa que gritemos, choremos, nos condenemos, nos lamentemos, nos confessemos aos homens, ou ainda que tenhamos de pagar alguma penitência. NÃO!!! Eu vejo na Bíblia uma outra realidade, uma outra lei: a lei da fé ou do espírito e vida:

> *Porque A LEI DO ESPÍRITO DE VIDA, em Cristo Jesus, ME LIVROU DA LEI DO PECADO E DA MORTE.*
>
> ROMANOS 8:2

> *Assim que, se alguém está em Cristo, nova criatura é; as coisas velhas já passaram; eis que tudo se fez novo.*
> *Aquele que não conheceu pecado, o fez pecado por nós; para que nele FÔSSEMOS FEITOS JUSTIÇA DE DEUS.*
>
> 2 CORÍNTIOS 5:17,21

Não sou justo por ser muito boa pessoa, sou JUSTO PORQUE DEUS ME DEU SUA JUSTIÇA!!! ALELUIA!!! Não sou justo pelas obras, mas pela fé!! Esta é a lei que vigora na Dispensação da Graça.

> *E seja achado nele, não tendo a minha justiça que vem da lei, mas a que vem pela fé em Cristo, a saber, a JUSTIÇA QUE VEM DE DEUS PELA FÉ;*
>
> FILIPENSES 3:9

Quando o diabo pode tocar numa pessoa que é justa?

NUNCA!!! Porque a Justiça que existe em Cristo é abundante, infalível e está disponível para todo aquele que crê.

> *Sabemos que todo aquele que é nascido de Deus não peca; mas o que de Deus é gerado conserva-se a si mesmo, e o MALIGNO NÃO LHE TOCA.*
>
> 1 JOÃO 5:18

Note que esta justiça só vem por um caminho: Fé em Jesus Cristo. Vivamos pois esta vida no poder de Deus e do Seu Filho, Jesus Cristo.

> *E digo isto e testifico no Senhor, para que não andeis mais como andam também os outros gentios, na vaidade do seu sentido,*
> *entenebrecidos no entendimento, separados da vida de Deus, pela ignorância que há neles, pela dureza do seu coração,*
> *os quais, havendo perdido todo o sentimento, se entregaram à dissolução, para, com avidez, cometerem toda impureza.*
> *Mas vós não aprendestes assim a Cristo,*
> *se é que o tendes ouvido e nele fostes ensinados, como está a verdade em Jesus,*
> *que, quanto ao trato passado, vos despojeis do velho homem, que se corrompe pelas concupiscências do engano,*
> *e vos renoveis no espírito do vosso sentido (alma),*
> *e VOS REVISTAIS DO NOVO HOMEM, que, segundo Deus, É CRIADO EM VERDADEIRA JUSTIÇA E SANTIDADE.*
> *Pelo que deixai a mentira e falai a verdade cada um com o seu próximo; porque somos membros uns dos outros.*
> *IRAI-VOS E NÃO PEQUEIS; não se ponha o sol sobre a vossa ira.*
> *NÃO DEIS LUGAR AO DIABO.*
>
> EFÉSIOS 4:17-27

O Que Jesus Fazia Com Poder (Focado No Objetivo)

Deus ungiu a Jesus de Nazaré com o Espírito Santo e com virtude; o qual andou fazendo o bem e curando a todos os oprimidos do diabo, porque Deus era com ele.

ATOS 10:38

Aquele que um dia entra no Reino dos Céus não está autorizado a pregar mais nada a não ser a Palavra de Deus. O próprio Jesus nunca se referiu a outra matéria ou assunto de qualquer tipo, maneira ou forma. Ora vejamos qual foi a reação de Jesus quando confrontado com este assunto:

E perguntaram-lhe, dizendo: Mestre, nós sabemos que falas e ensinas bem e retamente, e que não consideras a aparência da pessoa, mas ensinas com verdade o caminho de Deus.
É-nos lícito dar tributo a César ou não?
E, entendendo ele a sua astúcia, disse-lhes: Por que me tentais?
Mostrai-me uma moeda. De quem tem a imagem e a inscrição? E, respondendo eles, disseram: De César.
Disse-lhes então: Dai, pois, a César o que é de César, e a Deus o que é de Deus.

LUCAS 20:21-25

Não há margem para dúvidas. O Reino de Deus é puro, santo, eterno, não tem aliados de qualquer tipo, nem jamais será mutável.

No entanto, alguns cristãos, ainda hoje, insistem em pregar sobre teologia e religião. Religião e teologia não trazem vida eterna e poder sobrenatural de Deus a ninguém! Mas o Senhor Jesus, o Cristo, Ele sim é vida para Humanidade. O conhecimento da pessoa de Cristo e de Sua obra é essencial para recebermos o que necessitamos de Deus, seja Salvação seja cura para o nosso corpo, ou qualquer outra bênção. Hoje, para olharmos para Ele e termos contato com Ele, necessitamos de O conhecer pela Palavra de Deus.

> *Olhando para Jesus, autor e consumador da fé,...*
>
> HEBREUS 12:2

Necessitamos de fé n'Ele para confirmação das promessas na nossa vida. E fé vem pelo ouvir a Palavra de Deus e não por ouvir teologias ou discursos sobre religião.

> *O PROFETA QUE TEM UM SONHO CONTE O SONHO; e aquele que tem a minha palavra, FALE A MINHA PALAVRA COM VERDADE. Que tem a palha com o trigo? diz o SENHOR.*
> *Porventura A MINHA PALAVRA NÃO É COMO O FOGO, diz o Senhor, e como um martelo que esmiuça a pedra?*
> *Portanto, EIS QUE EU SOU CONTRA OS PROFETAS, diz o Senhor, QUE FURTAM AS MINHAS PALAVRAS, cada um ao seu próximo.*
> *Eis que EU SOU CONTRA OS PROFETAS, diz o Senhor, que USAM DE SUA PRÓPRIA LINGUAGEM, e dizem: Ele disse.*
> *Eis que eu sou contra os que profetizam sonhos mentirosos, diz o SENHOR, e os contam, e fazem errar o meu povo com as suas mentiras e com as suas leviandades; pois eu não os enviei, nem lhes dei ordem; e não trouxeram proveito algum a*

> *este povo, diz o Senhor.*
>
> JEREMIAS 23:28-32

Se a genuína e simples Palavra de Deus não for anunciada, nenhum dos ouvintes sairá salvo, ou transformado, ou liberto, ou abençoado. Os resultados poderosos que a Bíblia descreve só aparecerão quando forem pregados única e exclusivamente o Evangelho de Cristo e a sua obra redentora na Cruz. Quando alguém ouve e entende isso, é impossível abafar o poder sobrenatural de Deus.

Uma vez cheios do Espírito Santo e focados no objetivo de fazer a nossa chamada, nós cristãos temos que, acima de tudo, guardar a nossa Salvação:

> *Pois, que aproveitaria ao homem ganhar todo o mundo e perder a sua alma?*
>
> MARCOS 8:36

> *No demais, irmãos meus, fortalecei-vos no Senhor e na força do seu poder.*
> *Revesti-vos de toda a armadura de Deus, para que possais estar firmes (resistir) contra as astutas ciladas do diabo;*
>
> EFÉSIOS 6:10,11

Como faço isso?

Se o diabo afronta você, afronte-o de volta. Resista-lhe pondo a Palavra de Deus nos seus lábios e no seu coração diariamente. Por que a Palavra?

> *Porque não me envergonho do EVANGELHO DE CRISTO, POIS É O PODER DE DEUS PARA SALVAÇÃO DE TODO AQUELE QUE CRÊ, primeiro do judeu e também*

do grego.

ROMANOS 1:16

A PALAVRA É O PODER! A Palavra tem o mesmo poder que Jesus porque Jesus é a Palavra. Se eu pedir alguma coisa a Deus, de acordo com a Sua vontade, é exatamente o mesmo que alguém contemporâneo de Jesus pedir algo a Ele pessoalmente. O resultado será exatamente o mesmo que a Bíblia descreve que esses homens e mulheres tiveram quando foram ter com Jesus, em fé.

Porque toda criatura de Deus é boa, e não há nada que rejeitar, sendo recebido com acções de graças,
porque, PELA PALAVRA DE DEUS e pela oração, é santificada.
Propondo estas coisas aos irmãos, serás bom ministro de Jesus Cristo, criado com as palavras da fé e da boa doutrina que tens seguido.

1 TIMÓTEO 4:4-6

Deus cria os seus filhos não com leite materno, mas com algo mais substancial: a Palavra de Deus.

Então, pela virtude do Espírito, voltou Jesus para a Galiléia, e a sua fama correu por todas as terras em derredor.

LUCAS 4:14

O que podemos ver aqui é que qualquer pessoa que medite e ore na Palavra de Deus santifica-se para o Seu serviço e enche-se de poder. Jesus, após um retiro de 40 dias jejuando e orando, encheu-se de poder para servir a Deus. Esse poder (unção) foi tal que contagiava as pessoas, aumentando a Sua área de influência (fama).

Melhor é a boa fama do que o melhor unguento (unção)...
ECLESIASTES 7:1

Fama é melhor que a unção, mas a fama tem de ser gerada através da unção. Primeiro a unção, depois a fama.

Jesus Nos Manda Ficar Focados

Pois eu assim corro, não como a coisa incerta; assim combato, não como batendo no ar (mas focado no alvo - JESUS).
Antes, subjugo o meu corpo e o reduzo à servidão, para que, pregando aos outros, eu mesmo não venha de alguma maneira a ficar reprovado.
1 CORÍNTIOS 9:26,27

E Eliseu estava doente da sua doença de que morreu; e Jeoás, rei de Israel, desceu a ele, e chorou sobre o seu rosto, e disse: Meu pai, meu pai, carros de Israel e seus cavaleiros!
E Eliseu lhe disse: Toma um arco e flechas. E tomou um arco e flechas.
Então, disse ao rei de Israel: Põe a tua mão sobre o arco. E pôs sobre ele a sua mão; e Eliseu pôs as suas mãos sobre as mãos do rei.
E disse: Abre a janela para o oriente. E abriu-a. Então, disse Eliseu: Atira. E atirou; e disse: A flecha do livramento do SENHOR é a flecha do livramento contra os siros; porque ferirás os siros em Afeca, até os consumir.
E disse mais: Toma as flechas. E tomou-as. Então, disse ao rei de Israel: Fere a terra. E FERIU-A TRÊS VEZES E CESSOU.
Então, O HOMEM DE DEUS SE INDIGNOU MUITO CONTRA ELE E DISSE: CINCO OU SEIS VEZES A DE-

> *VERIAS TER FERIDO; ENTÃO, FERIRIAS OS SIROS ATÉ OS CONSUMIR; PORÉM AGORA SÓ TRÊS VEZES FERIRÁS OS SIROS.*
>
> 2 REIS 13:14-19

Deus nos ensina que não é com uma investida que venceremos o diabo e este mundo, mas sim permanecendo investindo e investindo até o fim, determinados a seguir Jesus de todo o nosso coração e de toda a nossa alma.

A Igreja não é uma Igreja na defensiva, mas na ofensiva. Os portões do inferno não poderão prevalecer contra ela. A melhor defesa é o ataque. Jesus se manifestou ao mundo para destruir as obras de Satanás e não para defender o Reino dos Céus. O diabo não está seguro neste planeta, pois a Igreja vai investir contra ele, derrotá-lo! Vai encostá-lo à parede, até deixá-lo completamente desprezado e derrotado.

> *PERSEGUI OS MEUS INIMIGOS E OS ALCANCEI; não voltei, senão depois de os ter consumido.*
> *Pois ME CINGISTE DE FORÇA PARA A PELEJA; fizeste abater debaixo de mim aqueles que contra mim se levantaram.*
> *Então, os esmiucei como o pó diante do vento; deitei-os fora como a lama das ruas.*
> *Livraste-me das contendas do povo e me fizeste cabeça das nações; um povo que não conheci me servirá.*
>
> SALMOS 18:37,39,42,43

Quem são, hoje, os nossos inimigos?

Não é a carne, nem o sangue (pessoas), mas os demônios. Para vencermos, temos de perseguir os inimigos de

Deus, sujeitando-nos cada vez mais a Ele, perseverando cada vez mais na fé, investindo e investindo e investindo contra o reino de Satanás neste mundo. E Deus não promete que vamos vencer! Já vencemos! ALELUIA! A vitória é o resultado da nossa perseverança e determinação.

O Segredo da Vitória está no Nosso Testemunho

Leia algumas passagens Bíblicas acerca do poder do nosso testemunho:

Semear a Palavra de Deus para atacar o inimigo. Ler (Lc 8:4-15)

E eles o venceram pelo sangue do Cordeiro e pela palavra do seu testemunho; e não amaram a sua vida até à morte. (Ap 12:11)

Porque O TESTEMUNHO DE JESUS É O ESPÍRITO DE PROFECIA. (Ap 19:10)

E voltaram os setenta com alegria, dizendo: Senhor, pelo teu nome, até os demônios se nos sujeitam.
E disse-lhes: Eu via Satanás, como raio, cair do céu.
Eis que vos dou poder para pisar serpentes, e escorpiões, e toda a força do Inimigo, e nada vos fará dano algum.

LUCAS 10:17-19

Como Testemunhar

Testemunhar de BOA MENTE = BOA INTENÇÃO/ VONTADE porque Deus testa a mente e o coração.

Verdade é que também alguns pregam a Cristo por inveja e porfia, mas outros de boa mente;

FILIPENSES 1:15

E, por isso, se o faço de boa mente, terei prêmio; mas, se de má vontade, apenas uma dispensação me é confiada.

1 CORÍNTIOS 9:17

O nosso testemunho tem de ser sempre de coração puro e de boa mente:

Orando também juntamente por nós, para que Deus nos abra a porta da palavra, a fim de falarmos do mistério de Cristo, pelo qual estou também preso;
Para que o manifeste, COMO ME CONVÉM FALAR.
Andai com sabedoria para com os que estão de fora, remindo o tempo.
A VOSSA PALAVRA SEJA SEMPRE AGRADÁVEL, TEMPERADA COM SAL, para que saibais como vos convém responder a cada um.

COLOSSENSES 4:3-6

Como podemos testemunhar de boa vontade? Será que conseguimos?

...nós temos a mente de Cristo. (conseguimos porque temos a mente de Cristo)

1 CORÍNTIOS 2:16

Tenha já fim a malícia dos ímpios, mas estabeleça-se o justo; pois tu, ó justo Deus, provas o coração e a mente.

SALMOS 7:9

Está em suas mãos escolher: ocupar a sua mente com trevas ou com sabedoria. Dependendo da quantidade de tempo em que envolver a sua mente (seus pensamentos) com inspiração dos seus sentidos (carne) ou com a Palavra de Deus, aquilo com que você se encher, irá determinar quem o governará: o diabo ou Deus. Faça a escolha certa, DEUS!

Capítulo 3

O GRANDE PODER DA CONFISSÃO EM NOSSAS VIDAS

E te deixaste enredar pelas próprias palavras; e te prendeste nas palavras da tua boca;

PROVÉRBIOS 6:2

Por isso, irmãos santos, participantes da vocação celestial, considerai a Jesus Cristo, apóstolo e sumo sacerdote da nossa confissão

HEBREUS 3:1

A palavra "confissão" no grego significa: dizer o que Deus diz ou reconhecer a Palavra desde o momento em que Lhe pedimos uma bênção prometida, até o momento em que Ele a concede.

RETENHAMOS FIRMES A CONFISSÃO da nossa esperança; porque fiel é o que prometeu.

HEBREUS 10:23

Creio que esta é a chave para o sucesso contínuo durante a nossa vida: nunca rejeitar a Palavra de Deus, antes, acolhê-la, crer nela, confessá-la diariamente e praticá-la, para que vá descendo ao nosso espírito e produzindo em nós o que Ela afirma.

Pelas quais ele nos tem DADO GRANDÍSSIMAS E PRE-

> *CIOSAS PROMESSAS, para que, POR ELAS FIQUEIS PARTICIPANTES DA NATUREZA DIVINA, havendo escapado da corrupção que pela concupiscência há no mundo.*
>
> 2 PEDRO 1:4

O domínio de satanás cessa quando entendemos a confissão da Palavra de Deus. Podemos tornar-nos tão irresistíveis como Deus, quando confessamos as Suas Palavras com determinação e confiança no nosso coração. Porque sabemos que Deus não pode mentir, sabemos que Ele é fiel à Sua Palavra e que nunca quebra um acordo. Ele é digno de toda a confiança.

Por exemplo, a Bíblia descreve que, quando Jesus colocava a Palavra de Deus nos seus lábios, era o fim do domínio de satanás sobre as pessoas. Viam-se espíritos malignos saírem das pessoas com grande alvoroço e as doenças desaparecerem no momento em que elas recebiam essa Palavra.

> *Porque A PALAVRA DE DEUS É VIVA E EFICAZ, e MAIS PENETRANTE DO QUE ESPADA ALGUMA DE DOIS GUMES, e penetra até à divisão da alma e do espírito, e das juntas e medulas, e é apta para discernir os pensamentos e intenções do coração.*
>
> HEBREUS 4:12

> *O céu e a terra passarão, mas AS MINHAS PALAVRAS NÃO HÃO DE PASSAR.*
>
> MATEUS24:35

> *E, chegada a tarde, trouxeram-lhe muitos endemoninhados, E ELE, COM A SUA PALAVRA, EXPULSOU DELES OS ESPÍRITOS E CUROU TODOS os que estavam enfermos;*
>
> MATEUS 8:16

Sua Palavra, quando professada ardentemente, destrói os laços e maldições sobre as nossas vidas. Ela cura também todas as doenças: as que são conhecidas pelo homem e as que ainda não conhecemos. Em outras palavras, a Palavra de Deus, quando proferida, demonstra o poder do Altíssimo. Aí então podemos ver claramente que a Palavra e Deus são a mesma pessoa. E é por este motivo que vemos sinais e prodígios acontecerem.

No princípio era o Verbo, e o Verbo estava com Deus, e o VERBO ERA DEUS.

JOÃO 1:1

A Confissão Nas Provações e Tribulações

Temos de entender que o grande plano de Deus para a humanidade sempre foi tornar o homem um transportador vivo da Sua Palavra. Ora vejamos:

E PONHO AS MINHAS PALAVRAS NA TUA BOCA, e te cubro com a sombra da minha mão; para plantar os céus, e para fundar a terra, e para dizer a Sião: Tu és o meu povo.

ISAÍAS 51:16

Quanto a mim, esta é a minha aliança com eles, diz o SENHOR: o meu espírito, que está sobre ti, E AS MINHAS PALAVRAS, QUE PUS NA TUA BOCA, não se desviarão da tua boca nem da boca da tua descendência, nem da boca da descendência da tua descendência, diz o SENHOR, desde agora e para todo o sempre.

ISAÍAS 59:21

Levanta-te, resplandece, porque vem a tua luz, e a glória do Senhor vai nascendo sobre ti;
Porque eis que as trevas cobriram a terra, e a escuridão os povos; MAS SOBRE TI O SENHOR VIRÁ SURGINDO, E A SUA GLÓRIA SE VERÁ SOBRE TI.
E os gentios caminharão à tua luz, e os reis ao resplendor que te nasceu.

ISAÍAS 60:1-3

Como vemos, o grande desejo de Deus é que as Suas Palavras "vivam" a sair da nossa boca. Se assim for, a Bíblia promete que a Glória do Senhor virá sobre nós. E quando isso acontecer, qualquer problema por pior que seja, uma doença, um problema emocional, espiritual, financeiro,... vai ter que sair e dar lugar ao Espírito do Senhor. Grande é o poder da nossa confissão, quando esta se baseia em verdades bíblicas. Literalmente saltamos para uma dimensão divina onde, única e exclusivamente, só podemos esperar alegria, paz, amor e prosperidade em tudo.

E há de ser que, depois derramarei o meu Espírito sobre toda a carne, e VOSSOS FILHOS E VOSSAS FILHAS PROFETIZARÃO, os vossos velhos terão sonhos, os vossos jovens terão visões.
E também sobre os servos e sobre as servas naqueles dias derramarei o meu Espírito.
E mostrarei prodígios no céu, e na terra, sangue e fogo, e colunas de fumaça.
O sol se converterá em trevas, e a lua em sangue, antes que venha o grande e terrível dia do SENHOR.
E há de ser que todo aquele que INVOCAR O NOME DO SENHOR será salvo; porque no monte Sião e em Jerusalém haverá livramento, assim como disse o SENHOR, e entre os

sobreviventes, aqueles que o SENHOR chamar.

JOEL 2:28-32

Aquele que invocar, falar ou pronunciar o nome do Senhor será salvo. Temos de falar, invocar, clamar, gritar, se for necessário, a Palavra de Deus. Então o livramento virá; a luz iluminará as trevas; as lágrimas serão substituídas por gozo e alegria; a angústia por paz; a culpa por perdão; a doença por saúde e a morte pela vida. Existe mais poder numa Palavra de Deus do que em todas as palavras existentes neste universo. O que Deus diz permanece eternamente.

E servireis ao SENHOR vosso Deus, e ele abençoará o vosso pão e a vossa água; e eu tirarei do meio de vós as enfermidades.

ÊXODO 23:25

...porque eu sou o SENHOR que te sara.

ÊXODO 15:26

Ele tomou sobre si as nossas enfermidades, e levou as nossas doenças.

MATEUS 8.17

Ele é o que perdoa todas as tuas iniquidades, que sara todas as tuas enfermidades,

SALMOS 103:3

Estes versículos afirmam que Jesus, o Senhor, já pagou o preço que nos libertou das doenças. Portanto, não tema os sintomas e enfrente a doença com a Palavra de Deus em seu coração e em seus lábios. Sairá vencedor!

Quero encorajar todo aquele que está passando por uma enfermidade para que encare esta doença sem temor, porque o gozo do Senhor é a sua força. Grite vitoriosamente: - *"O Senhor é a força da minha vida; a quem recearei?"* (Salmos 27:1) E depois grite novamente: - *"Ele prepara uma mesa perante mim na presença dos meus inimigos."* (Salmos 23:5)

A confissão da Palavra tem de estar constantemente na nossa boca. Precisamos confessar que somos de Jesus Cristo, que estamos redimidos, que estamos libertos do domínio de satanás e da sua autoridade. Confessemos estes fatos com toda a ousadia e com certeza absoluta, porque sabemos profundamente que são verdadeiros.

Estas palavras são divinas, ou seja, expressam a Divindade em todo o Seu poder e Glória. Nossos amigos e conhecidos muitas vezes pensam que são palavras absurdas e ficam admirados conosco. No entanto, esta linguagem é o poder para a Salvação de todo aquele que crê.

> *Porque não me envergonho DO EVANGELHO DE CRISTO, POIS É O PODER DE DEUS PARA SALVAÇÃO de todo aquele que crê.*
>
> ROMANOS 1:16

Diante da incapacidade financeira, de uma batalha, de um desastre emocional ou familiar, ou de uma doença, em todo tempo você pode se levantar cheio de gozo. Creia que Deus, através de Jesus carregou os seus fardos, as suas dores físicas, mentais e espirituais, e que Ele se encarregou dos seus problemas. Ele vai à batalha por você e não pode ser vencido.

E saberá toda esta congregação que o Senhor salva, não com espada, nem com lança; PORQUE DO SENHOR É A GUERRA...

1 SAMUEL 17:47

Jesus Nos Substituiu

E os soldados o levaram dentro à sala, que é a da audiência, e convocaram toda a corte.
E vestiram-no de púrpura, e tecendo uma coroa de espinhos, lha puseram na cabeça.
E começaram a saudá-lo, dizendo: Salve, Rei dos Judeus!
E feriram-no na cabeça com uma cana, e cuspiram nele e, postos de joelhos, o adoraram.
E, havendo-o escarnecido, despiram-lhe a púrpura, e o vestiram com as suas próprias vestes; e o levaram para fora a fim de o crucificarem.

MARCOS 15:16-20

Então soltou-lhes Barrabás, e, tendo mandado açoitar a Jesus, entregou-o para ser crucificado.

MATEUS 27:26

PILATOS, pois, tomou então a Jesus, e o açoitou.

JOÃO 19:1

...diga o fraco: Eu sou forte.

JOEL 3:10

E disse-me: A minha graça te basta, porque o meu poder se aperfeiçoa na fraqueza. De boa vontade, pois, me gloriarei nas minhas fraquezas, para que em mim habite o poder de Cristo.

Por isso sinto prazer nas fraquezas, nas injúrias, nas necessidades, nas perseguições, nas angústias por amor de Cristo. Porque QUANDO ESTOU FRACO ENTÃO SOU FORTE.

2 CORÍNTIOS 12:9,10

Quando lutamos contra satanás devemos lembrá-lo do que as escrituras dizem. Por exemplo: - *"satanás, está escrito: quando estou fraco então eu sou forte!!!"*

Devemos reconhecer a Palavra como a verdade suprema da nossa vida. Devemos nos lembrar que, de fato, Jesus foi açoitado por mim. Ele foi moído no seu corpo, alma e espírito, por mim. Então, o mínimo que posso fazer é aceitar o que Ele fez e confessá-Lo na minha vida, para que sejamos atendidos em nossas petições.

Se vós estiverdes em mim, e as minhas palavras estiverem em vós, PEDIREIS TUDO O QUE QUISERDES, E VOS SERÁ FEITO.

JOÃO 15:7

Porque em verdade vos digo que qualquer que disser a este monte: Ergue-te e lança-te no mar, e não duvidar em seu coração, mas crer que se fará aquilo que diz, TUDO O QUE DISSER LHE SERÁ FEITO.

MARCOS 11:23

Note que TUDO é TUDO mesmo; não deixa nada de fora. Que linguagem edificante e poderosa é esta que o nosso Deus nos deu! Glória a Jesus!!!

Noutra porção da Bíblia encontramos outra poderosa afirmação:

> *O SENHOR é a minha luz e a minha salvação; a quem temerei? O SENHOR é a força da minha vida; de quem me recearei?*
>
> SALMOS 27:1

A confissão é afirmar o que cremos. A confissão é testificar o que sabemos. É declarar a verdade que abraçamos. Jesus planejou que esta mensagem da vida cristã fosse dada ao mundo por meio de testemunho, isto é, por nossa confissão.

O Que Devo Confessar

Este é um assunto mais profundo do que parece, pois a Bíblia nos ensina que a minha boca fala daquilo que o meu coração está cheio:

> *...do que há em abundância no coração, disso fala a boca*
>
> MATEUS 12:34

Confissão é "afirmar verdades Bíblicas". Confissão é "repetir com os nossos lábios, e crendo no coração, as coisas que Deus diz na Sua Palavra".

Contemplar os fatos Bíblicos e dizer que acredita, mas recusar-se a confessá-los firmemente e agir, fará com que você fique privado da fé na hora que precisar.

A Bíblia descreve a Igreja de Cristo falando em uníssono esta linguagem poderosa da fé, firme nas promessas de Deus.

Creio que grande coragem e determinação são necessárias para prosseguir confessando a Palavra, mesmo quando tudo parece imutável. Tenho como certo que milagres, prodígios e maravilhas farão parte do nosso dia a dia quando progredirmos nesta vida com a linguagem Celestial.

Vamos ver alguns versículos para ficarmos com a ideia de quem somos em Cristo e de que não precisamos ter receio de agir na Palavra:

> *Se Deus é por nós, quem será contra nós?*
>
> ROMANOS 8:31

> *Assim que, se alguém está em Cristo, nova criatura é; as coisas velhas já passaram; eis que tudo se fez novo.*
>
> 2 CORÍNTIOS 5:17

> *O qual nos tirou da potestade das trevas, e nos transportou para o reino do Filho do seu amor;*
> *Em quem temos a redenção pelo seu sangue, a saber, a remissão dos pecados.*
>
> COLOSSENSES 1:13,14

> *Não temas, porque eu sou contigo; não te assombres, porque eu sou teu Deus; eu te fortaleço, e te ajudo, e te sustento com a destra da minha justiça.*
>
> ISAÍAS 41:10

Estas são verdades revolucionárias que, nem sempre, são ensinadas ou praticadas. Convém que tais escrituras sejam a sua CONFISSÃO ao enfrentar o mundo.

Creia e diga: - "*Deus está comigo a cada manhã e a cada dia.*"

Filhinhos, sois de Deus, e já os tendes vencido; PORQUE MAIOR É O QUE ESTÁ EM VÓS DO QUE O QUE ESTÁ NO MUNDO.

1 JOÃO 4:4

Neste versículo existe tanto poder como se Jesus estivesse agora aqui, presente. É como se Ele mesmo estivesse aqui a lê-lo para você. Sua Palavra é imutável e infalível. Proclamemos pois estas verdades como um estilo de vida.

Vamos começar a praticar agora mesmo. Diga com grande intrepidez: - *"Jesus e Sua vida estão dentro de mim neste momento. O Criador de todas as coisas está presente no meu ser."*

Que tremendo poder tem estas afirmações!

A Proclamação Da Fé Proveniente Do Coração

A confissão dos seus lábios, que procede da Fé no seu coração, vencerá absolutamente o adversário em todas as batalhas.

Cristo nos resgatou da maldição da lei, fazendo-se maldição por nós.

GÁLATAS 3:13

Qual foi esta maldição?

...todas as moléstias do Egito...

...toda a enfermidade e toda a praga que não está escrita neste livro.

DEUTERONÔMIO 28:60,61

E, chegada a tarde, trouxeram-lhe muitos endemoninhados, e ele com a sua palavra expulsou deles os espíritos, e curou todos os que estavam enfermos;
Para que se cumprisse o que fora dito pelo profeta Isaías, que diz: Ele tomou sobre si as nossas enfermidades, e levou as nossas doenças.

MATEUS 8:16,17

Adão e Eva venderam-nos à escravidão do diabo e deixaram-nos sob seu poder e sua jurisdição. Mas CRISTO RESGATOU-NOS. Ele nos comprou de volta, adquiriu-nos pelo preço de seu próprio corpo e sangue e NOS LIBERTOU.

Ele foi o cumprimento da profecia que está escrita em Isaías 53:4,5. Alguns Cristãos creem que esta promessa de saúde não abrange a todos. Mas Mateus 8:16,17 é claro em dizer que Jesus curou a todos para que se cumprisse a profecia. Para mim, isto quer dizer que se Jesus curava a todos naquele tempo e que Jesus é a vontade viva de Deus, Deus deseja curar a todos da mesma forma hoje. Deus nunca muda!

Porque eu, o Senhor, não mudo.

MALAQUIAS 3:6

Porque fostes comprados por bom preço; GLORIFICAI, POIS, A DEUS NO VOSSO CORPO, E NO VOSSO ESPÍRITO, os quais pertencem a Deus.

1 CORÍNTIOS 6:20

Como posso glorificar a Deus no meu corpo estando doente? Foi por isso que Jesus veio para obter a salvação completa do ser Humano, do corpo, da alma e do espírito.

Deus comprou-nos com amor, dando-nos o Seu único filho JESUS CRISTO.

> *Porque Deus amou o mundo de tal maneira que deu o seu Filho unigênito, para que todo aquele que nele crê não pereça, mas tenha a vida eterna.*
>
> JOÃO 3:16

Agora que já conhecemos esta promessa, em vez de confessarmos as nossas enfermidades e dificuldades, devemos confessar:

> *Ele é o que perdoa todas as tuas iniquidades, que sara todas as tuas enfermidades,*
>
> SALMOS 103:3

Confesse que a sua libertação do PECADO e das ENFERMIDADES foi completa. Confesse que o domínio de satanás sobre si findou no Calvário, porque foi lá que DEUS NOS LIBERTOU!

A Palavra de Deus declara tudo isto, portanto CONFESSA-O. Anseio por ver o dia em que todos os enfermos serão curados na igreja, o dia em que qualquer um que entre pela porta da Igreja será curado, sem exceção.

> *ESTÁ ALGUÉM ENTRE VÓS DOENTE? Chame os presbíteros da igreja, e orem sobre ele, ungindo-o com azeite em nome do Senhor;*
> *E A ORAÇÃO DA FÉ SALVARÁ O DOENTE, e o Senhor*

o levantará; e, se houver cometido pecados, ser-lhe-ão perdoados.
Confessai as vossas culpas uns aos outros, E ORAI UNS PELOS OUTROS, PARA QUE SAREIS. A oração feita por um justo pode muito em seus efeitos.

TIAGO 5:14-16

A pergunta no verso 14 indicia que existiam poucas pessoas doentes na Igreja primitiva. Isso significa que elas viviam com muita saúde. E, mesmo que houvesse alguém doente, este era sujeito à oração da fé, que o curava, sem dúvida.

Creio que é tempo de elevarmos a nossa confissão a este nível e de crermos em Deus para curar a todos sem exceção, em qualquer reunião pública.

Lembro-me do caso do Povo de Israel que, quando foi liberto do Egito, nenhum doente entre o Povo existia. Então, se naquela época Deus curava a todos, hoje continua a ser Sua vontade que todos sejam curados, sem exceção.

E tirou-os para fora com prata e ouro, e ENTRE AS SUAS TRIBOS NÃO HOUVE UM SÓ ENFERMO.

SALMOS 105:37

Isto foi possível porque, além de aplicarem o sangue, eles comeram do cordeiro. Comer do cordeiro, hoje em dia, significa conhecer o Cordeiro Deus, Jesus, através da Palavra de Deus. Temos de observá-la constantemente. Cura virá quando Ela abundar no nosso coração e nos nossos lábios.

ESTAI, pois, firmes na liberdade com que Cristo nos libertou, e não torneis a colocar-vos debaixo do jugo da servidão.

GÁLATAS 5:1

Afirme as promessas de Deus! Declare com os seu lábios. Enfrente o seu inimigo com a verdade de Deus. O diabo também sabe que a saúde é sua por direito, porque Jesus a comprou. Ele mente para que você não contemple a sua libertação. Ele tenta afastar a verdade de que Jesus já lhe redimiu.

Nos quais o deus deste século cegou os entendimentos dos incrédulos, para que lhes não resplandeça a luz do evangelho da glória de Cristo, que é a imagem de Deus.

2 CORÍNTIOS 4:4

Existem pessoas que pensam que estão doentes porque é da vontade de Deus. Imaginam que Deus tem um propósito para as suas vidas através da doença. Outras invocam as escrituras dizendo: -"*Mas a Bíblia não diz que Deus corrige a quem ama?*"

Porque o Senhor corrige o que ama, E açoita a qualquer que recebe por filho.

HEBREUS 12:6

A Bíblia também diz que Deus é o Pai dos espíritos. Jesus, uma vez, declarou que não existe nenhum bom, senão Deus. Como então Deus poderá infligir doenças a Seus filhos? Nós não quebramos uma perna do nosso filho para o corrigir ou desejamos que fique doente para se emendar! E, segundo a Bíblia, não somos bons. Só Deus é bom. Como então seria da vontade de Deus que ficássemos enfermos? Temos, de uma vez por todas, de retirar essas mentiras satânicas da nossa mente para que possamos experimentar qual a boa e agradável vontade de Deus. (Rm 12:1,2)

A Bíblia declara algo bastante claro acerca da vontade de Deus para nós:

> *Toda a BOA DÁDIVA e TODO O DOM PERFEITO VEM DO ALTO, descendo do Pai das luzes, em quem não há mudança nem sombra de variação.*
> *Segundo a sua vontade, ele NOS GEROU PELA PALAVRA DA VERDADE, PARA QUE FÔSSEMOS COMO PRIMÍCIAS DAS SUAS CRIATURAS.*
>
> TIAGO 1:17,18

Tudo o que vem de Deus é bom. Não há nada que devemos rejeitar. Se Ele enviou Jesus para nos comprar salvação e saúde como poderia depois colocar de novo enfermidades sobre nós? Não faz sentido para mim e creio que para você também não.

Como poderíamos ser primícias das suas criaturas doentes? Faz isto sentido para você? Eu não conheço esse Deus. O meu Deus diz o seguinte:

> *Amado, DESEJO QUE TE VÁ BEM EM TODAS AS COISAS, e QUE TENHAS SAÚDE, ASSIM COMO BEM VAI A TUA ALMA.*
>
> 3 JOÃO 2

Deus quer que tudo nos vá bem na saúde física como também na mental e espiritual. Não só Ele quer que tudo vá bem, como Ele quer isso para toda a Humanidade. Se cremos que Jesus é Deus em Carne, ora, vejamos o que Ele fazia quando apareciam doentes que clamavam pela sua cura:

Jesus, sabendo isso, retirou-se dali, e acompanharam-no grandes multidões, e ELE CUROU A TODOS.

MATEUS 12:15

E percorria Jesus toda a Galiléia, ensinando nas suas sinagogas e pregando o evangelho do reino, e curando todas as enfermidades e moléstias entre o povo.
E a sua fama correu por toda a Síria, e traziam-lhe todos os que padeciam, acometidos de várias enfermidades e tormentos, os endemoninhados, os lunáticos, e os paralíticos, e ELE OS CURAVA.

MATEUS 4:23,24

E vieram ter com ele grandes multidões, que traziam coxos, cegos, mudos, aleijados, e outros muitos, e os puseram aos pés de Jesus, e ELE OS SAROU,
De tal sorte, que a multidão se maravilhou vendo os mudos falarem, os aleijados sãos, os coxos a andarem, e os cegos a verem; e glorificavam o Deus de Israel.

MATEUS 15:30,31

E foram ter com ele no templo cegos e coxos, e CUROU-OS.

MATEUS 21:14

E, descendo com eles, parou num lugar plano, e também um grande número de seus discípulos, e grande multidão de povo de toda a Judéia, e de Jerusalém, e da costa marítima de Tiro e de Sidom; os quais tinham vindo para o ouvir, e serem curados das suas enfermidades,
Como também os atormentados dos espíritos imundos; e ERAM CURADOS.
E toda a multidão procurava tocar-lhe, porque saía dele virtu-

> *de, e CURAVA A TODOS.*
>
> LUCAS 6:17-19

> *A sua fama, porém, se propagava ainda mais, e ajuntava-se muita gente para o ouvir e PARA SER POR ELE CURADA DAS SUAS ENFERMIDADES.*
>
> LUCAS 5:15

> *E, na mesma hora, CUROU MUITOS DE ENFERMIDADES, E MALES, E ESPÍRITOS MAUS, E DEU VISTA A MUITOS CEGOS.*
>
> LUCAS 7:21

> *E, sabendo-o a multidão, o seguiu; e ele os recebeu, e falava-lhes do reino de Deus, e SARAVA OS QUE NECESSITAVAM DE CURA.*
>
> LUCAS 9:11

Jesus sempre curou a todos. Hoje, da mesma forma é da vontade de Deus curar a todos o que invocarem o Seu Nome, porque Jesus é o mesmo ontem, hoje e eternamente.

> *Porque TODO aquele que INVOCAR O NOME DO SENHOR SERÁ SALVO.*
>
> ROMANOS 10:13

Então será possível glorificar a Deus também no nosso corpo, dizendo: -*"Antes estava enfermo e agora estou sarado"*.

Como poderei glorificar a Deus no meu corpo doente ou como poderei glorificar a Deus no meu espírito, quando em pecado? Temos de entender que a mesma fé que exercemos para sermos salvos é a que temos de exercer para sermos curados.

Amigo, confesse a genuína Palavra de Deus. Diga que já foi redimido há dois mil anos. CLAME isso, diga que aceita o que Jesus já fez por você, confesse que Ele é o seu redentor. Confesse que você não habita mais no território de satanás, diga-lhe que não tem direito de colocar essa doença sobre você. Enfrente-o com fé, dizendo que ele é mentiroso e que os sintomas são mentiras. Diga-lhe que é o pai da mentira (Jo 8:44). Depois louve a Deus e aproxime-se d´Ele agradecendo-Lhe o milagre e a LIBERTAÇÃO.

> *Porque fostes comprados por bom preço; GLORIFICAI POIS A DEUS NO VOSSO CORPO, E NO VOSSO ESPÍRITO, os quais pertencem a Deus.*
>
> 1 CORÍNTIOS 6:20

Assim Como Cristo é, Nós Somos

> *Nisto É PERFEITO O AMOR PARA CONOSCO, para que no dia do juízo tenhamos confiança; porque, QUAL ELE É, SOMOS NÓS TAMBÉM NESTE MUNDO.*
> *No amor não há temor, antes o perfeito amor lança fora o temor; porque o temor tem consigo a pena, e o que teme não é perfeito em amor.*
> *NÓS O AMAMOS A ELE PORQUE ELE NOS AMOU PRIMEIRO.*
>
> 1 JOÃO 4:17-19

Algo profundo está nesta passagem. Creio que posso

explicar, mas só Deus poderá revelar o que está neste versículo. Deus não só disse que nos amava, para provar que o seu amor é verdadeiro e não fingido, mas também Ele nos pegou quando éramos corrupção e nos fez iguais ao seu Filho Jesus: santos, puros e justos pela fé, para que nesta terra nós fôssemos semelhantes a Jesus, em tudo.

Para melhor explicar esta passagem vamos ver o que diz outra passagem da Bíblia:

> *Vede QUÃO GRANDE AMOR NOS TEM CONCEDIDO O PAI, que fossemos chamados filhos de Deus. Por isso o mundo não nos conhece; porque não O conhece a Ele.*
> *Amados, agora somos filhos de Deus, e AINDA NÃO É MANIFESTADO o que havemos de ser. Mas sabemos que, quando ele se manifestar, SEREMOS SEMELHANTES A ELE; porque assim como é o veremos.*
> *E QUALQUER QUE NELE TEM ESTA ESPERANÇA PURIFICA-SE A SI MESMO, como também ele é puro.*
>
> 1 JOÃO 3:1-3

Olhamos para nós e não vemos diferença. Mas quando Ele se manifestar veremos que somos como Ele. Isto quer dizer que quando Ele vier a segunda vez veremos que de fato é verdade! Ele amou-nos de tal maneira que nos fez exatamente como Ele. Veremos isso quando Ele vier nos buscar.

No entanto, só poderemos ver que somos como Ele, quando confessarmos as Suas promessas e virmos os efeitos dessa semelhança com os sinais e maravilhas que nos seguem.

Agora só podemos verificar esta escritura pelo mover miraculoso que se manifesta na nossa carne mortal.

Confesse ousadamente: -"*EU SOU COMO JESUS, Ele*

me deu JUSTIÇA e PUREZA. Posso FAZER AS MESMAS OBRAS QUE ELE FEZ E MAIORES AINDA PORQUE ELE ME FEZ IGUAL A ELE! ALELUIA!"

> *Porque o Pai ama o Filho, e mostra-lhe tudo o que faz; E ELE (PAI) LHE MOSTRARÁ MAIORES OBRAS DO QUE ESTAS, para que vos maravilheis.*
>
> JOÃO 5:20

> *Na verdade, na verdade vos digo que AQUELE QUE CRÊ EM MIM TAMBÉM FARÁ AS OBRAS QUE EU FAÇO, E AS FARÁ MAIORES DO QUE ESTAS, porque eu vou para meu Pai.*
>
> JOÃO 14:12

O Pai se manifestou no Filho concedendo que Ele fizesse maiores obras do que estas e agora o Filho passou essa herança aos que são gerados miraculosamente por Deus através da fé. Ele disse: -*"Na verdade, na verdade... Amigo, olhe que não é mentira, é verdade! Porque Ele o restaurou e o salvou. Vá, veja e prove o tremendo poder que coloquei na sua vida. Agora de fato você está vivo em Mim."* Se você crê nisto confesse-o e assim será.

> *Na verdade, na verdade vos digo que quem ouve a minha palavra, e crê naquele que me enviou, tem a vida eterna, e não entrará em condenação, mas PASSOU DA MORTE PARA A VIDA.*
> *Em verdade, em verdade vos digo que vem a hora, e agora é, em que os mortos ouvirão a voz do Filho de Deus, e os QUE A OUVIREM VIVERÃO.*
>
> JOÃO 5:24,25

Se existe alguma área da sua vida que está "morta",

em que você reconhece que na sua própria força e capacidade você nada pode fazer, diga isso a Ele em oração:

"Pai Celestial, eu creio que as Tuas palavras são a verdade. Tenho estas áreas (nomeie as áreas) que estão mortas na minha vida. SOPRA NELAS O TEU ESPÍRITO SANTO E TRANSPORTA-AS DA MORTE PARA A VIDA, em NOME DE JESUS. Sopra nelas a Tua vida eterna para que nunca mais a morte se manifeste em mim, Amém."

Se você crer que é como Ele, verá o Seu poder e a Sua vida em operação. No entanto, existe um fato: temos de conhecer as Palavras de Jesus, e isso só poderá acontecer quando conhecermos a Bíblia. Quando isso acontece eu conheço Jesus mais intimamente. O mundo necessita conhecer Jesus. É a necessidade mais proeminente que existe nesta terra. Sem Ele não existe vida para viver. Apenas vivemos para construir o nosso reino que será efêmero.

Meu desafio é que você se proponha a construir o Reino de Deus, que é eterno. Como diz a Bíblia em Mateus:

> *Mas, buscai primeiro o reino de Deus, e a sua justiça, e TODAS ESTAS COISAS VOS SERÃO ACRESCENTADAS.*
>
> MATEUS 6:33

> *Porque nele (Jesus) habita CORPORALMENTE TODA A PLENITUDE DA DIVINDADE;*
>
> COLOSSENSES 2:9

> *Pelas quais ele nos tem dado GRANDÍSSIMAS E PRECIOSAS PROMESSAS, PARA que por elas fiqueis PARTICIPANTES DA NATUREZA DIVINA, havendo escapado da corrupção, que pela concupiscência há no mundo.*
>
> 2 PEDRO 1:4

Que promessa incrível! A Plenitude que habitava em Jesus lhe será acrescentada quando abraçar a busca do Reino dos Céus. E, quanto a isso, quero apenas fazer uma ressalva: na verdade nós o buscamos, mas é Ele quem nos encontra!

Para este fato se tornar real, temos de conhecer Jesus de perto.

Minha pergunta é esta: quem é Jesus?

> *...ninguém conhece o Filho, senão o Pai; e ninguém conhece o Pai, senão o Filho, e aquele a quem o Filho o quiser revelar.*
>
> MATEUS 11:27

Cristianismo não é um curso que fazemos! Não basta ler o livro para aprendemos a matéria.

Eu calculei quanto tempo da minha vida passei estudando e cheguei à conclusão de que foram uns dois terços dela. No entanto, o estudo acadêmico não se compara com o estudo Bíblico. Estamos redondamente enganados se pensamos assim. Intelectualismo não nos aproxima de Deus. Cristianismo é uma revelação do Espírito Santo ao coração do Homem. Jesus usa o Espírito Santo para nos revelar as coisas que são de Deus. Uma vez que fomos salvos, Ele nos ligou ao Pai e tornamo-nos um mesmo espírito com Ele. Que verdade tremendíssima!

> *Mas o que se ajunta com o Senhor é um mesmo Espírito.*
>
> 1 CORÍNTIOS 6:17

Precisamos diariamente, como do ar para respirar, de conhecer este Homem que se chama Jesus.

Um dia os discípulos estavam num barco e viram Jesus acalmar ventos de uma tempestade e falaram:

...Que Homem é este que até os ventos e o mar lhe obedecem?
MATEUS 8:27

Conhecer Jesus é fundamental para conhecermos quem realmente somos, e o porquê de nossa existência. Creio que, quando conhecemos Jesus, não só conhecemos Deus mais proximamente, como também passamos a nos conhecer melhor.

Porque NELE VIVEMOS, e NOS MOVEMOS, e EXISTIMOS; como também alguns dos vossos poetas disseram: Pois somos também sua geração.
Sendo nós, pois, geração (descendência) de Deus, não havemos de cuidar que a divindade seja semelhante ao ouro, ou à prata, ou à pedra esculpida por artifício e imaginação dos homens.
ATOS 17:28,29

Não existimos por acaso. Somos Sua descendência. Que grande amor este, que nos tornou Seus filhos. Só poderemos conhecer estes fatos através de Jesus. Foi Ele quem revelou Deus à humanidade. E agora, este Jesus suporta a nossa existência e nos mantém vivos, curados e abençoados na família divina que herdou o Reino dos Céus. CONFESSE EM VOZ ALTA e com alegria: NÃO SÓ TENHO UMA LINGUAGEM DIVINA, MAS TAMBÉM PERTENÇO À FAMÍLIA DIVINA DO DEUS ALTÍSSIMO. Aleluia!! Que verdade mais edificante e digna.

Porque tu, ó Senhor, és o meu refúgio! O ALTÍSSIMO É A TUA HABITAÇÃO.
SALMOS 91:9

Se Jesus, o Senhor, habita no Altíssimo e eu existo, me movo e vivo em Cristo, então o Altíssimo é também a minha habitação em Cristo Jesus. Tremendo!!

Afirme esta verdade com toda a coragem, apodere-se desta realidade.

Veja, por exemplo, Moisés que habitou com Deus quarenta dias e quarenta noites no monte Horebe (Sinai). Hoje vivemos vinte e quatro horas por dia, sete dias na semana, na presença do Altíssimo por Jesus Cristo, nosso redentor!

Lembre-se que Moisés, quando regressou do monte Sinai, colocou um véu para que o brilho da sua face não fosse visto diminuindo e assim, o povo visse quando enfraquecesse. No entanto, Paulo explica qual é a diferença entre nós e Moisés:

> *E NÃO SOMOS COMO MOISÉS, QUE PUNHA UM VÉU SOBRE A SUA FACE, para que OS FILHOS DE ISRAEL NÃO OLHASSEM FIRMEMENTE PARA O FIM DAQUILO QUE ERA TRANSITÓRIO.*
> *MAS TODOS NÓS, com rosto descoberto, REFLETINDO COMO UM ESPELHO A GLÓRIA DO SENHOR, somos transformados de glória em glória na mesma imagem, como pelo Espírito do Senhor.*
>
> 2 CORÍNTIOS 3:13,18

> *Todo o dom vem do pai as luzes, ...ONDE NÃO HÁ VARIAÇÃO.*
>
> TIAGO 1:17

O ponto de Paulo era o seguinte: a Glória de Deus no cristão nunca diminui. Não necessitamos de nos encher do Espírito de duas em duas semanas. A Glória do Senhor é forte e nunca varia na sua força ou intensidade. Somos, de fato, a Luz que ilumina os lugares escuros.

Quem é então esse Redentor, e que poder tem?

> *Porque NELE HABITA CORPORALMENTE TODA A PLENITUDE DA DIVINDADE;*
> *E estais perfeitos nele, que é a cabeça de todo o principado e potestade;*
> *No qual também estais circuncidados com a circuncisão não feita por mão no despojo do corpo dos pecados da carne, a circuncisão de Cristo;*
> *SEPULTADOS COM ELE NO BATISMO, NELE TAMBÉM RESSUSCITASTES PELA FÉ NO PODER DE DEUS, que o ressuscitou dentre os mortos.*
> *E, quando VÓS ESTÁVEIS MORTOS NOS PECADOS, e na incircuncisão da vossa carne, VOS VIVIFICOU JUNTAMENTE COM ELE, perdoando-vos todas as ofensas,*
> *HAVENDO RISCADO A CÉDULA QUE ERA CONTRA NÓS nas suas ordenanças, a qual de alguma maneira nos era contrária, e a tirou do meio de nós, cravando-a na cruz.*
> *E, DESPOJANDO OS PRINCIPADOS E POTESTADES, OS EXPOS PUBLICAMENTE E DELES TRIUNFOU EM SI MESMO.*
>
> COLOSSENSES 2:9-15

> *...Para isto o Filho de Deus se manifestou: para DESFAZER AS OBRAS DO DIABO.*
>
> 1 JOÃO 3:8

Jesus é um mistério vivo: Deus encarnado reconciliando consigo o Homem. Este fato transcende-nos totalmente e está além do nosso entendimento.

Deus veio para atacar o reino das trevas. Deus veio em carne para nos libertar dos poderes das trevas, porque devido ao pecado de Adão os poderes de satanás aprisionaram o corpo, a alma e o espírito humano. Mas, Deus, o Pai, veio em Jesus, para desfazer a doença física, mental e espiritual, para nos trazer vida, vencendo a morte ao terceiro dia, como dizem as escrituras. Por outras palavras, Deus veio salvar o Homem da perdição eterna, salvando por completo a sua alma, corpo e espírito.

> *E o mesmo Deus de paz vos santifique em tudo; E TODO O VOSSO ESPÍRITO, E ALMA, E CORPO, SEJAM PLENAMENTE CONSERVADOS irrepreensíveis para a vinda de nosso Senhor Jesus Cristo.*
>
> 1 TESSALONICENSES 5:23

Diga bem alto: - *"ESTOU SALVO, MEU CORPO ESTÁ SALVO, MINHA ALMA ESTÁ SALVA, MEU ESPÍRITO ESTÁ SALVO EM CRISTO JESUS!!! SATANÁS, VOCÊ NÃO TEM MAIS PODER SOBRE A MINHA VIDA. JESUS JÁ O VENCEU E O EXPOS PUBLICAMENTE!!! GLÓRIA A DEUS!!!!"*

O plano de Deus é a salvação completa do Homem e não só do espírito. A Sua vitória foi a nossa vitória. E hoje, através do seu corpo, a Igreja, Ele manifesta a sua vida ao mundo e continua a demonstrar quão grande é a Sua salvação.

Como pode a Igreja ser oprimida, quer seja na carne, na alma ou no espírito, se o Altíssimo habita em nós, e se o diabo está derrotado? LEVANTE-SE E DECLARE QUE VOCÊ ESTÁ LIVRE DO CATIVEIRO E MANTENHA FIRME A SUA CONFISSÃO!

Alguns versículos se seguem para confessar a sua nova vida, liberto e redimido por Jesus! Agora você já sabe quem é Ele! Ele se importa com você, Ele o ama e o deseja!

> *De sorte que fomos sepultados com ele pelo batismo na morte; para que, como Cristo foi ressuscitado dentre os mortos, pela glória do Pai, assim ANDEMOS NÓS TAMBÉM EM NOVIDADE DE VIDA.*
>
> ROMANOS 6:4

> *Sepultados com ele no batismo, nele também ressuscitastes pela fé no poder de Deus, que o ressuscitou dentre os mortos.*
>
> COLOSSENSES 2:12

Quando Jesus ressuscitou do túmulo, como vencedor, ressuscitamos com Ele:

> *PORTANTO, se já ressuscitastes com Cristo, buscai as coisas que são de cima, onde Cristo está assentado à destra de Deus.*
>
> COLOSSENSES 3:1

> *Porque, se fomos plantados juntamente com ele na semelhança da Sua morte, também o seremos na da Sua ressurreição*
>
> ROMANOS 6:5

> *E nos ressuscitou juntamente com Ele e nos fez assentar nos lugares celestiais, em Cristo Jesus;*
>
> EFÉSIOS 2:6

Jesus regressou ao trono e assentou-se à direita de Deus:

> *Ora, o Senhor, depois de lhes ter falado, foi recebido no céu, e assentou-se à direita de Deus.*
>
> MARCOS 16:19

Fez-nos assentar nos lugares celestes, em Cristo Jesus (JUNTAMENTE COM ELE).

EFÉSIOS 2:6

Como se sabe, somos feitura de Deus, criados em Cristo Jesus:

Porque somos feitura sua, criados em Cristo Jesus para as boas obras, as quais Deus preparou para que andássemos nelas.

EFÉSIOS 2:10

Assim que, se alguém está em Cristo, nova criatura é; as coisas velhas já passaram; eis que tudo se fez novo.

2 CORÍNTIOS 5:17

Fomos gerados de novo. Nosso passado foi apagado: Podemos agora desfrutar de uma vida nova: Ele habitando em nós e não nos visitando de vez em quando.

Seu amor, Seu Espírito e Poder habitam eternamente no íntimo do Cristão pela fé.

Jesus fez tudo isto para nós. Ele nos amou acima de Sua própria vida! Ele venceu satanás por nós! Ele derrotou a morte por nós e carregou as nossas enfermidades! Tudo Ele fez por nós, pensando apenas em você e em mim! Só posso dizer quão grande em amor e misericórdia é o nosso Deus!!!

De fato somos semelhantes a Ele em tudo porque Ele venceu sendo semelhante a nós Homens!! Esta foi a troca: o que era divino se tornou pecado e o que era pecado se tornou divino! Que grande troca! Que verdade poderosa!

A Bíblia declara que:

Por isso convinha QUE EM TUDO FOSSE SEMELHANTE AOS IRMÃOS, para ser misericordioso e fiel sumo sacerdote naquilo que é de Deus, para expiar os pecados do povo.

HEBREUS 2:17

Em outras palavras: trocar os nossos pecados pela justiça de Deus, retirando o pecado. O diabo não tem mais acesso às nossas vidas. Esse é o plano!

Aquele que não conheceu pecado, SE FEZ PECADO POR NÓS; PARA QUE NELE FÓSSEMOS FEITOS JUSTIÇA DE DEUS.

2 CORÍNTIOS 5.21

Como sabemos, o pecado é o aguilhão da morte, ou seja, o pecado é o veículo através do qual Satanás faz fluir morte e maldição para o Homem. (1 Co 15:56)

Mas graças a Deus que nos dá a vitória!

Mas em todas estas coisas sOMOS MAIS DO QUE VENCEDORES, POR AQUELE QUE NOS AMOU.

ROMANOS 8:37

Mas graças a DEUS QUE NOS DÁ A VITÓRIA por nosso Senhor Jesus Cristo.

1 CORÍNTIOS 15:57

Mantenha a Sua Confissão da Palavra de Deus

Manter a confissão da Palavra de Deus nos nossos lábios é imperativo para a vida Cristã. A Bíblia toda, de capa a capa, fala de Jesus como nosso substituto. Padeceu o Justo pelos pecadores para que por Ele fossemos salvos. Então, foi uma troca.

Quando eu aceitei Jesus na minha vida, aceitei trocar os meus pecados pela Sua santidade; aceitei trocar os meus fracassos pela Sua vitória; aceitei trocar a minha angústia pela Sua paz; aceitei trocar a doença que me afligia pela Sua saúde e, por último, aceitei trocar a minha morte pela Sua vida eterna.

Como vemos, Cristianismo é viver a troca que fizemos. Por isso a Bíblia diz que n'Ele vivemos, nos movemos e existimos. Não mais eu vivo, mas Cristo vive em mim. Eu me esvazio do meu ego para que Ele viva através de mim.

Porque somos feitura sua, criados em Cristo Jesus.

EFÉSIOS 2:10

Assim que, se alguém está em Cristo, nova criatura é; as coisas velhas já passaram; eis que tudo se fez novo.

2 CORÍNTIOS 5:17

Somos categoricamente novas criaturas em Cristo. Tornamo-nos...

... membros do seu corpo, da sua carne, e dos seus ossos.

EFÉSIOS 5:30

Em quem temos a redenção...

EFÉSIOS 1:7

Deus nos vê EM CRISTO. Em outras palavras, Deus vê Jesus em nós.

E todos nós recebemos também da Sua plenitude...

JOÃO 1:16

Nossa vida é, a partir desse momento, governada pela nossa nova forma de falar. Nossas orações, nossa vida, pensamentos e comportamentos estão de acordo com o que confessamos. Jesus será para mim a medida em que Eu confessar as Suas verdades. Quando eu confesso as Suas palavras dizendo: - *"Sim Jesus eu aceito a troca, não mais eu mas Tu em mim."*

Que verdade poderosa! A minha opinião é que mais vale um minuto n'Ele do que mil anos sem Ele.

Agora eu pergunto: o que tínhamos nós para Lhe dar em troca ou para acrescentar-Lhe? Creio que nada. No entanto, Ele, pelo Seu tremendo amor, desafia-nos a aceitar a troca: a divindade pela corrupção.

E Ele continua a desafiar os seres Humanos a aceitarem a troca. Poderemos dizer que Deus é um mau negociante? Não! Ele não olha para nós como somos! Ele apenas é bom e não nega a Si mesmo. E porque Ele é bom, usa de misericórdia para com todos, sem exceção, desde que aceitemos a troca. Mesmo quando nós não o desejamos, Ele continua a amar-nos.

Em TODA A ANGÚSTIA DELES ELE FOI ANGUSTIADO, e o anjo da sua presença os salvou; PELO SEU AMOR, E PELA SUA COMPAIXÃO ELE OS REMIU; e os tomou,

> *e os conduziu todos os dias da antiguidade.*
>
> ISAÍAS 63:9

Como vemos aqui, Deus é afetado quando nós somos afligidos. Não só vemos que Ele é afetado pela nossa angústia como também vemos o seu amor e compaixão pelo povo. Seu coração fica angustiado quando nós sofremos!

Se você entender este fato, uma nova vida fluirá de você! Nunca mais voltará a ser o mesmo quando entender que o Deus todo-poderoso fica angustiado quando você sofre, devido ao Seu grande amor. Ele deseja livrá-lo da sua angústia. Ele deseja intervir na sua vida para salvar você. Ele quer vê-lo assentado nos lugares celestiais em Cristo. Muitas vezes dizemos que Deus é bom, mas será que sabemos o que este fato representa?

> *Pois ASSIM COMO O CÉU ESTÁ ELEVADO ACIMA DA TERRA, ASSIM É GRANDE A SUA MISERICÓRDIA para com os que O temem.*
>
> *Mas a misericórdia do Senhor é desde a eternidade e até a eternidade sobre aqueles que o temem.*
>
> SALMOS 103:11,17

A Sua bondade não tem fim! Tente olhar para o céu e meça a distância entre este e a Terra (se conseguir). Assim é a Sua bondade: sem limites! Mais uma verdade que é para além do nosso entendimento. Não pode ser entendida no natural, mas só no sobrenatural de Deus.

> *Bendito seja o Deus e Pai de nosso Senhor Jesus Cristo, O PAI DAS MISERICÓRDIAS E O DEUS DE TODA A*

CONSOLAÇÃO;

2 CORÍNTIOS 1:3

Na verdade é assim que nós somos atraídos para Ele. Somos constrangidos quando confrontados com o que eu chamo de um "Amor Todo-Poderoso" - um amor que nunca diminui na sua intensidade.

> *Porque O AMOR DE CRISTO NOS CONSTRANGE, julgando nós assim: que, se um morreu por todos, logo todos morreram.*
> *E ele morreu por todos, para que OS QUE VIVEM NÃO VIVAM MAIS PARA SI, MAS PARA AQUELE QUE POR ELES MORREU E RESSUSCITOU.*
>
> 2 CORÍNTIOS 5:14,15

Note que um dos fatos mais tremendos que a Bíblia declara trata-se do entendimento deste amor. Quando eu o entendo, minha vida inunda-se de Deus e por conseguinte de amor.

> *Para que Cristo habite pela fé nos vossos corações; a fim de, estando arraigados e fundados em amor,*
> *PODERDES PERFEITAMENTE COMPREENDER, com todos os santos, qual seja A LARGURA, E O COMPRIMENTO, E A ALTURA, E A PROFUNDIDADE,*
> *E CONHECER O AMOR DE CRISTO, que excede todo o entendimento, PARA QUE SEJAIS CHEIOS DE TODA A PLENITUDE DE DEUS.*
>
> EFÉSIOS 3:17-19

> *Porque nele (Jesus) habita corporalmente TODA A PLENITUDE DA DIVINDADE;*
>
> COLOSSENSES 2:9

Tremendo! É aí que a Dinvidade de Jesus nos inunda: quando entendemos este tão grande amor. A plenitude da Divindade que Jesus tem é passada para nós. Imagine uma esponja colocada na água: assim será o indivíduo cheio da Divindade, quando entender o amor de Deus.

Todas as pessoas perseguem o amor nas suas vidas. Se todos soubessem como é simples obtê-lo, o mundo seria muito diferente.

Tudo nos será possível com um Deus tão amoroso como Este.

Aproveito para exortá-lo a transmitir esse Deus a quantas pessoas você conseguir. Existem pessoas que estão à espera desta mensagem na sua angústia e no seu sofrimento. Esperam por algo que as faça sair do desespero. Esse algo que as pessoas esperam é o Deus amoroso que habita no coração do crente. Eu disse que habita, não que o visita de vez em quando, de mês a mês.

O nosso Deus não sabe nem saberá o que derrota significa, porque Ele é a própria vitória. Nada nos será impossível, pois ELE ESTÁ EM NÓS AGORA.

> *Para que CRISTO HABITE PELA FÉ NOS VOSSOS CORAÇÕES; a fim de, estando arraigados e fundados em amor,*
>
> EFÉSIOS 3:17

> *Se tu podes crer, TUDO É POSSÍVEL AO QUE CRÊ.*
>
> MARCOS 9:23

> *Quando CRISTO, que é a nossa vida, se manifestar, então também vós vos manifestareis com ele em glória.*
>
> COLOSSENSES 3:4

> *Mas vós sois dele, em Jesus Cristo, o qual para nós foi feito por*

Deus sabedoria, e justiça, e santificação, e redenção;

1 CORÍNTIOS 1:30

Já estou crucificado com Cristo; e vivo, não mais eu, mas Cristo vive em mim; e a vida que agora vivo na carne, vivo-a na fé do Filho de Deus, o qual me amou, e se entregou a si mesmo por mim.

GÁLATAS 2:20

...que é CRISTO EM VÓS, esperança da glória;

COLOSSENSES 1:27

...JESUS CRISTO ESTÁ EM VÓS...

2 CORÍNTIOS 13:5

Que fatos gloriosos são estes! Agora podemos ter grande firmeza e entendimento de quão grande Salvação Deus nos concedeu. Ninguém deve ignorá-la porque através de Jesus todos os poderes das trevas estão sujeitos a essa autoridade. Ele espera que nós avancemos certos de que fiel é O que prometeu. Que a Igreja cresça gloriosa até que o Seu noivo a venha buscar, sem ruga ou mancha.

Como Paulo disse:

COMO ESCAPAREMOS NÓS, SE NÃO ATENTARMOS PARA UMA TÃO GRANDE SALVAÇÃO, a qual, começando a ser anunciada pelo Senhor, foi-nos depois confirmada pelos que a ouviram;
Testificando também Deus com eles, por sinais, e milagres, e várias maravilhas e dons do Espírito Santo, distribuídos por sua vontade?
Porque não foi aos anjos que sujeitou o mundo futuro, de que falamos.

Mas em certo lugar testificou alguém, dizendo: Que é o homem, para que dele te lembres? Ou o filho do homem, para que o visites?
Tu o fizeste um pouco menor do que os anjos, DE GLÓRIA E DE HONRA O COROASTE, E O CONSTITUÍSTE SOBRE AS OBRAS DE TUAS MÃOS;
TODAS AS COISAS LHE SUJEITASTE DEBAIXO DOS PÉS.

HEBREUS 2:3-8

Vivamos pois essa vitória de Jesus!!

O Poder Da Palavra De Deus

Portanto assim diz o SENHOR Deus dos Exércitos: Porquanto disseste tal palavra, eis que CONVERTEREI AS MINHAS PALAVRAS NA TUA BOCA EM FOGO,...

JEREMIAS 5:14

...ENGRANDECESTE A TUA PALAVRA ACIMA DE TODO O TEU NOME.

SALMOS 138:2

Porventura A MINHA PALAVRA NÃO É COMO O FOGO, DIZ O SENHOR, E COMO UM MARTELO QUE ESMIUÇA A PEDRA?

JEREMIAS 23:29

Como vemos, Deus tem grande zelo pela Sua Palavra. Da mesma maneira nós Homens devemos ser zelosos e ousados para a guardar, falar e proclamar de forma a trazermos o Reino dos Céus à nossa casa, cidade, ao nosso País e ao mundo. Ela é a única esperança que a Humanidade tem. Eu, pessoalmente, não queria viver um só segundo neste mundo se não existisse a Palavra de Deus. A Terra seria um cemitério frio e desolado.

A Palavra de Deus nunca é velha. Ela é sempre fresca e nova. Tudo se transformará imediatamente se o Homem conceder à Palavra o mesmo lugar que concederia a Cristo se estivesse aqui, em carne, entre nós. Sim, porque Jesus é a Palavra, o verbo que se fez carne. (Jo 1:14)

Medite na Palavra, pense na Palavra, fale a Palavra, pratique a Palavra e torne-se tão irresistível quanto Jesus era ontem, é hoje e será eternamente. Porque tudo há de passar, mas a PALAVRA DE DEUS NUNCA PASSARÁ.

Dê à Palavra o lugar mais importante no seu coração; dê-Lhe honra e dedicação e veja tudo funcionar a favor da sua vida e de todos os que crerem na sua confissão.

> *No princípio era o Verbo, e o Verbo estava com Deus, e o Verbo era Deus.*
> *Ele estava no princípio com Deus.*
> *Todas as coisas foram feitas por ele, e sem ele nada do que foi feito se fez.*
> *NELE ESTAVA A VIDA, E A VIDA ERA A LUZ DOS HOMENS.*
> *E a luz resplandece nas trevas, e as trevas não a compreenderam.*
> *Houve um homem enviado de Deus, cujo nome era João.*
> *Este veio para testemunho, para que testificasse da luz, para que todos cressem por ele.*
> *Não era ele a luz, mas para que testificasse da luz.*
> *Ali estava a luz verdadeira, que ilumina a todo o homem que vem ao mundo.*

Estava no mundo, E O MUNDO FOI FEITO POR ELE, E O MUNDO NÃO O CONHECEU.
Veio para o que era seu, e os seus não o receberam.
Mas, a todos quantos o receberam, deu-lhes o poder de serem feitos filhos de Deus, aos que crêem no seu nome;
Os quais não nasceram do sangue, nem da vontade da carne, nem da vontade do homem, mas de Deus.
E O VERBO SE FEZ CARNE, E HABITOU ENTRE NÓS, E VIMOS A SUA GLÓRIA, como a glória do unigênito do Pai, cheio de graça e de verdade.

JOÃO 1:1-14

É triste pensar que, apesar de Deus ter criado tudo o que existe e que nós éramos Dele, não o reconhecemos. Imagine você chegar em casa um dia e sua mulher ou seu marido e filhos dizerem que não o/a conhecem. Assim aconteceu com Jesus, o Deus encarnado, que veio para demonstrar o Seu amor, e nós não lhe demos atenção. Rejeitamo-lo matando-o numa cruz.

E, apesar disto tudo, Deus nos amou, nos recolheu em Seus braços, colocou-nos no Seu coração junto a Jesus, nos abençoou e salvou.

Você consegue compreender este amor? Amar os assassinos de Seu filho como o Seu próprio filho? É mesmo muito elevado para a nossa condição humana. No entanto, podemos compreender isto pelo Espírito Santo que habita nos nossos corações. É a única forma de entendermos este amor. De outra maneira isto pareceria tolice.

Como já tenho dito anteriormente, Cristianismo é uma revelação ao nosso espírito! Não se pode ser cristão mental ou carnal.

E a esperança não traz confusão, PORQUANTO O AMOR

> *DE DEUS ESTÁ DERRAMADO EM NOSSOS CORAÇÕES PELO ESPÍRITO SANTO que nos foi dado.*
>
> ROMANOS 5:5

Como já vimos o Verbo (Palavra) era Deus e se fez carne, e habitou no meio de nós. Jesus nem sempre se chamou Jesus. Ele era, é e sempre será o Verbo (Palavra). Como sabemos, o verbo é cheio de graça e de verdade. Se é verdade, poderemos confessar com toda a confiança qualquer promessa e assim há de acontecer.

> *Assim SERÁ A MINHA PALAVRA, que sair da minha boca; ELA NÃO VOLTARÁ PARA MIM VAZIA, antes fará o que me apraz, E PROSPERARÁ NAQUILO PARA QUE A ENVIEI.*
>
> ISAÍAS 55:11

Veja a importância de guardar a Palavra de Deus e o poder que n´Ela há:

> *Na verdade, na verdade vos digo que quem ouve a MINHA PALAVRA, e crê naquele que me enviou, tem a vida eterna, e não entrará em condenação, mas passou da morte para a vida.*
>
> JOÃO 5:24

> *Jesus dizia, pois, aos judeus que criam nele: Se vós permanecerdes na MINHA PALAVRA, verdadeiramente sereis meus discípulos;*
>
> JOÃO 8:31

> *Em verdade, em verdade vos digo que, se alguém guardar a MINHA PALAVRA, nunca verá a morte.*
>
> JOÃO 8:51

Jesus respondeu, e disse-lhe: Se alguém me ama, guardará a MINHA PALAVRA, e meu Pai o amará, e viremos para ele, e faremos nele morada.

JOÃO 14:23

Aqui estão mais alguns versículos da Palavra de Deus que você deve colocar em seu coração:

Não temas, porque eu sou contigo; não te assombres, porque eu sou teu Deus; eu te fortaleço, e te ajudo, e te sustento com a destra da minha justiça.

ISAÍAS 41:10

Clama a mim, e responder-te-ei, e anunciar-te-ei coisas grandes e firmes que não sabes.

JEREMIAS 33:3

Fique firme na sua confissão porque Fiel é o que prometeu.

Retenhamos firmes a confissão da nossa esperança; porque fiel é o que prometeu.

HEBREUS 10:23

Capítulo 4

DISCERNIR ESPÍRITOS

Este capítulo surgiu porque creio que, nestes últimos tempos, os crentes tem de estar cada vez mais atentos às falsas doutrinas que se lhe apresentem enquanto habitantes deste mundo. Acredito que o único filtro que temos é a própria Palavra de Deus. Qualquer doutrina deve ser confrontada com a Palavra. A Igreja deve ter muito cuidado mantendo-se na pura e simples doutrina de Jesus Cristo.

Paulo, sempre que tinha oportunidade, exortava, nas suas cartas, os irmãos a permanecerem na doutrina do Senhor e a terem cuidado com as falsas doutrinas. Vejamos alguns exemplos:

> *Para que NÃO SEJAMOS MAIS MENINOS INCONSTANTES, LEVADOS EM RODA POR TODO O VENTO DE DOUTRINA...*
>
> EFÉSIOS 4:14

> *TEM CUIDADO DE TI MESMO E DA DOUTRINA. PERSEVERA NESTAS COISAS; porque, FAZENDO ISTO, TE SALVARÁS, TANTO A TI MESMO COMO AOS QUE TE OUVEM.*
>
> 1 TIMÓTEO 4:16

> *Que fareis, pois, irmãos? Quando vos ajuntais, cada um de vós tem salmo, TEM DOUTRINA, tem revelação, tem lín-*

> *gua, tem interpretação. FAÇA-SE TUDO PARA EDIFICAÇÃO.*
>
> 1 CORÍNTIOS 14:26

> *TODA A ESCRITURA DIVINAMENTE INSPIRADA é proveitosa para ensinar, para redarguir, para corrigir, para instruir em justiça;*
> *Para que O HOMEM DE DEUS SEJA PERFEITO, E PERFEITAMENTE INSTRUÍDO PARA TODA A BOA OBRA.*
>
> 2 TIMÓTEO 3:16, 17

Toda a doutrina Divina é boa e digna de toda a aceitação para nos edificar e fortalecer. Devemos, por isso, permanecer nas escrituras e não fugir delas. Se a doutrina edifica o corpo de Cristo, então devemos estar atentos a ela.

> *O que era desde o princípio, o que vimos com os nossos olhos, o que temos contemplado, E AS NOSSAS MÃOS TOCARAM DA PALAVRA DA VIDA.*
> *(PORQUE A VIDA FOI MANIFESTADA, e nós a vimos, e testificamos dela, e vos anunciamos a vida eterna, que estava com o Pai, e nos foi manifestada);*
> *O QUE VIMOS E OUVIMOS ISSO VOS ANUNCIAMOS, PARA QUE TAMBÉM TENHAIS COMUNHÃO CONOSCO; e a nossa comunhão é com o Pai, e com seu Filho Jesus Cristo.*
> *E ESTA É A MENSAGEM QUE DELE OUVIMOS, e vos anunciamos: que DEUS É LUZ, E NÃO HÁ NELE TREVAS NENHUMAS.*
> *Se dissermos que temos comunhão com ele, e andarmos em trevas, mentimos, e não praticamos a verdade.*
> *Mas, SE ANDARMOS NA LUZ, COMO ELE NA LUZ*

ESTÁ, TEMOS COMUNHÃO UNS COM OS OUTROS, e o sangue de Jesus Cristo, seu Filho, NOS PURIFICA DE TODO O PECADO.

1 JOÃO 1:1-3,5-7

Se a vida, que é Jesus, foi manifestada, ela continua tão real como dantes. João explicou que os discípulos apenas anunciavam o que tinham visto e ouvido de Jesus. Assim, tinham comunhão com Deus em Espírito. Sem pregação que traga revelação da vida (Jesus), Deus fica limitado quanto à luz que pode trazer ao Seu povo.

Aqui a Palavra de Deus não deixa dúvidas de que o resultado do anunciar da Palavra não só traz comunhão com Deus, mas também comunhão entre os irmãos. Este é um reflexo de que andamos com Jesus. Além disso, ao andarmos em comunhão, estamos sendo continuamente lavados pelo Sangue de Jesus.

Nesta época em que vivemos, é de extrema importância que a Igreja esteja unida e forte em uma só voz, uma só fé e um só Espírito. Não estou falando da Igreja como um movimento local, mas sim da Igreja mundial. Porque assim fazendo ela se protegerá das doutrinas falsas que negam a realidade de Cristo.

Sabe, porém, isto: que nos últimos dias sobrevirão tempos trabalhosos.
Porque haverá homens amantes de si mesmos, avarentos, presunçosos, soberbos, blasfemos, desobedientes a pais e mães, ingratos, profanos,
Sem afeto natural, irreconciliáveis, caluniadores, incontinentes, cruéis, sem amor para com os bons,
Traidores, obstinados, orgulhosos, mais amigos dos deleites do que amigos de Deus,

TENDO APARÊNCIA DE PIEDADE, MAS NEGANDO A EFICÁCIA DELA. DESTES AFASTA-TE.

2 TIMÓTEO 3:1-5

Nestes últimos tempos, enfrentamos grandes desafios e para fazer frente a isto é extremamente importante que a Igreja apareça, como um Rainha, um corpo Real, cantando a uma só voz, pregando uma mesma verdade, amando ternamente cada um dos seus membros, para que o Noivo seja exaltado. Desta forma, a Igreja discernirá bem qualquer tipo de espírito maligno e trará glória ao Seu Noivo.

Já no tempo de João a Igreja foi tremendamente atacada pelas falsas doutrinas. No entanto, ela crescia tremendamente. João alertou que existia o perigo de nos tornarmos egocêntricos e incomunicáveis, ficando como que fechados dentro de nós próprios e da congregação que frequentamos, ignorando assim o que se passa à nossa volta.

Tenho escrito à igreja; mas Diótrefes, que procura ter entre eles o primado, não nos recebe.
Por isso, se eu for, trarei à memória as obras que ele faz, PROFERINDO CONTRA NÓS PALAVRAS MALICIOSAS; e, não contente com isto, NÃO RECEBE OS IRMÃOS, e IMPEDE OS QUE QUEREM RECEBÊ-LOS, E OS LANÇA FORA DA IGREJA.
Amado, NÃO SIGAS O MAL, MAS O BEM. Quem faz o bem é de Deus; MAS QUEM FAZ O MAL NÃO TEM VISTO A DEUS.

3 JOÃO 9-11

Eu pessoalmente creio que este homem era um pregador muito proeminente, visto que João fez questão de lhe escrever. Não creio que João iria escrever a qualquer pessoa.

No entanto, esta pessoa falava mal de outros pregadores, dos Apóstolos e não recebia os irmãos em Cristo, ou seja, era quase inatingível. Ninguém o podia contrariar.

Ele era extremamente influente, mas quis sair do corpo. Que erro terrível! Além disso, se alguém da sua congregação quisesse receber outros irmão de fora, não o poderia fazer, era proibido. Se o fizesse, era expulso da Igreja. Este tipo de regime totalitarista não se encaixa nas palavras de Jesus:

> *Não será assim entre vós; mas todo aquele que quiser entre vós fazer-se grande seja vosso serviçal;*
> *E, QUALQUER QUE ENTRE VÓS QUISER SER O PRIMEIRO, SEJA VOSSO SERVO;*
>
> MATEUS 20:26, 27

Aqui está um personagem que não se conforma com as sãs palavras de nosso Senhor Jesus Cristo e com a doutrina que é segundo o amor:

> *SE ALGUÉM ENSINA ALGUMA OUTRA DOUTRINA, e se NÃO CONFORMA COM AS SÃS PALAVRAS DE NOSSO SENHOR JESUS CRISTO, e com a doutrina que é segundo a piedade,*
> *É SOBERBO, e nada sabe, mas delira acerca de questões e contendas de palavras, DAS QUAIS NASCEM INVEJAS, PORFIAS, BLASFÊMIAS, RUINS SUSPEITAS,*
> *Contendas de homens corruptos de entendimento, e privados da verdade, cuidando que a piedade seja causa de ganho; APARTA-TE DOS TAIS.*
>
> 1 TIMÓTEO 6:3-5

Se nascem invejas, porfias, blasfêmias e suspeitas, esse órgão do corpo de Cristo fica doente afetando assim todo o corpo. Não fica oxigenado, num clima onde se respira liberdade e tranquilidade.

Como então o amor de Deus, que vimos noutro capítulo, se encaixa no corpo? Esta é a minha pergunta.

Se a doutrina não se encaixa nos parâmetros bíblicos, damos abertura à entrada de espíritos malignos na Igreja que, com certeza, farão danos e atrasarão o avanço da obra de Deus.

Como sabemos se um órgão do corpo humano está doente ou não? Como sabemos se a congregação em que estamos inseridos está doente ou não, como no exemplo que acabamos de ler?

> *TENDO APARÊNCIA DE PIEDADE, MAS NEGANDO A EFICÁCIA DELA.*
>
> 2 TIMÓTEO 3:5

Em outras palavras, falando de Deus, negam o Seu Poder sobrenatural. Dizem que Jesus já não cura, que milagres já não existem, que Deus tem um propósito na doença, etc.

Entretanto, em todo o tempo, como falamos anteriormente, a Salvação de Deus para o Homem é para as três partes constituintes do ser Humano: corpo, alma e espírito. Não podemos separar Salvação da cura do corpo e da alma. Se assim fosse, poderíamos dizer que Deus tinha feito um trabalho incompleto. E não foi esse o caso com certeza.

Um dos maiores perigos que leva à cegueira espiritual é o não discernir o corpo de Cristo, os seus Ministérios para a edificação do corpo. Algumas pessoas não discernem o Corpo de Cristo, que somos nós, aqueles que cremos.

> *Amados, não creiais em todo espírito, mas provai se os espíritos são de Deus, porque já muitos falsos profetas se tem levantado no mundo.*
> *Nisto conhecereis o Espírito de Deus: todo espírito que confessa que Jesus Cristo veio em carne é de Deus;*
> *e TODO ESPÍRITO QUE NÃO CONFESSA QUE JESUS CRISTO veio em carne NÃO É DE DEUS; mas ESTE É O ESPÍRITO DO ANTICRISTO, do qual já ouvistes que há de vir, e eis que está já no mundo.*
> *Filhinhos, SOIS DE DEUS E JÁ OS TENDES VENCIDO, PORQUE MAIOR É O QUE ESTÁ EM VÓS DO QUE O QUE ESTÁ NO MUNDO.*
> *Do mundo são; por isso, falam do mundo, e o mundo os ouve.*
> *Nós somos de Deus; aquele que conhece a Deus ouve-nos; aquele que não é de Deus não nos ouve. Nisto conhecemos nós o espírito da verdade e o espírito do erro.*
>
> 1 JOÃO 4:1-6

Como podemos observar existem dois tipos de espírito em ação: o Espírito de Deus e o espírito do erro ou de satanás. Isto quer dizer que tenho de ter cuidado com as informações, palavras (vozes), imagens, entre outros, que se afastam da verdade de Cristo.

Temos de refletir, em qualquer circunstância da vida, sobre a quem temos dado ouvidos, para onde temos inclinado o nosso coração. Lembre-se que muitas vezes o diabo não nos aparece declaradamente, pelo contrário, ele se apresenta de maneira muito sutil e com um aspecto muito santo.

> *Porque TAIS FALSOS APÓSTOLOS SÃO OBREIROS FRAUDULENTOS, TRANSFIGURANDO-SE EM APÓSTOLOS DE CRISTO.*
> *E não é maravilha, porque o PRÓPRIO SATANÁS SE TRANSFIGURA EM ANJO DE LUZ.*
> 2 CORÍNTIOS 11:13, 14

É incrível que até pregadores do Evangelho, Paulo chamava de obreiros fraudulentos!

Existem espíritos que não são fáceis de discernir. No entanto, a Palavra de Deus discerne tudo. Existem espíritos que sabem bem a Palavra de Deus e que colocam mentiras no meio d´Ela para confundirem até o melhor obreiro.

Foi este tipo de espírito que Jesus teve de enfrentar no deserto após ter estado quarenta dias e quarenta noites sem beber e sem comer. Creio que conforme vamos andando com Cristo maiores e mais dissimulados poderes temos de enfrentar. Mas glória a Deus que nos fortalece!

> *E o Deus de toda a graça, que em Cristo Jesus vos chamou à sua eterna glória, DEPOIS DE HAVERDES PADECIDO UM POUCO, ELE MESMO VOS APERFEIÇOARÁ, CONFIRMARÁ, FORTIFICARÁ E FORTALECERÁ.*
> 1 PEDRO 5:10

Isto acontece porque o Espírito Santo é um Espírito Todo-Poderoso e, por conseguinte, invencível. E, se temos em nós aquele que é o maior de todos, podemos dizer como Paulo:

> *Temos, porém, este tesouro em vasos de barro, para QUE A EXCELÊNCIA DO PODER SEJA DE DEUS, E NÃO DE*

> *NÓS.*
> *Em TUDO SOMOS ATRIBULADOS, MAS NÃO ANGUSTIADOS; PERPLEXOS, mas NÃO DESANIMADOS.*
> *PERSEGUIDOS, MAS NÃO DESAMPARADOS; ABATIDOS, MAS NÃO DESTRUÍDOS;*
> *Trazendo sempre por toda a parte a mortificação do Senhor Jesus no nosso corpo, PARA QUE A VIDA DE JESUS SE MANIFESTE TAMBÉM NOS NOSSOS CORPOS;*
>
> 2 CORÍNTIOS 4:7-10

Deus pensou em tudo! Ele nos capacitou de tal forma que o Reino invisível dos Céus nos vivifica em qualquer circunstância da nossa vida. Ele não se vai embora! Ele fica conosco, nos consolando a todo tempo, manifestando o Seu poder nos nossos corpos mortais e guardando-nos para o dia do Senhor.

Por isso, necessitamos que Ele nos guie, enquanto peregrinamos nesta Terra, para que nunca sejamos enganados e desviados do Santo Caminho, Jesus o Cristo o Filho Unigênito de Deus. É necessário sermos como a Bíblia nos ensina:

> *Eis QUE VOS ENVIO COMO OVELHAS AO MEIO DE LOBOS; portanto, sede PRUDENTES como as serpentes E INOFENSIVOS como as pombas.*
>
> MATEUS 10:16

Guardemos pois o bom depósito que está em nós pela sã doutrina, a fim de que, sabiamente, nos guiemos e possamos ser eficazes no Reino dos Céus.

Em Primeiro Lugar Temos de Conhecer Nosso Inimigo

Temos de entender primeiro quem é o nosso inimigo para que sejamos mais eficazes no Reino Celestial. Ele chamava-se Lúcifer, que significa "transportador da luz". Estamos falando de um dos anjos mais belos e proeminentes do Céu, na altura em que se encontrava lá. Depois de ter sido expulso passou a ser chamado pelos seguintes nomes: Satanás, serpente, inimigo, príncipe deste mundo, deus deste século, pai da mentira, enganador, adversário, anticristo, acusador, maligno e ladrão.

> *E tu dizias no teu coração: Eu subirei ao céu, acima das estrelas de Deus exaltarei o meu trono, e no monte da congregação me assentarei, aos lados do norte.*
> *Subirei sobre as alturas das nuvens, e serei semelhante ao Altíssimo.*
> *E contudo levado serás ao inferno, ao mais profundo do abismo.*
> *Os que te virem te contemplarão, considerar-te-ão, e dirão: É este o varão que fazia estremecer a terra e que fazia tremer os reinos?*
>
> ISAÍAS 14:13-16

> *Assim diz o Senhor DEUS: Tu eras o selo da medida, cheio de sabedoria e perfeito em formosura.*
> *Estiveste no Éden, jardim de Deus; de toda a pedra preciosa era a tua cobertura: sardónia, topázio, diamante, turquesa, ónix, jaspe, safira, carbúnculo, esmeralda e ouro; em ti se faziam os teus tambores e os teus pífaros; no dia em que foste criado foram preparados.*

Tu eras o querubim, ungido para cobrir, e te estabeleci; no monte santo de Deus estavas, no meio das pedras afogueadas andavas.
Perfeito eras nos teus caminhos, desde o dia em que foste criado, ATÉ QUE SE ACHOU INIQUIDADE EM TI (NO TEU CORAÇÃO).
Na multiplicação do teu comércio encheram o teu interior de violência, e pecaste; por isso te lancei, profanado, do monte de Deus, e te fiz perecer, ó querubim cobridor, do meio das pedras afogueadas.
Elevou-se o teu coração por causa da tua formosura, corrompeste a tua sabedoria por causa do teu resplendor; por terra te lancei, diante dos reis te pus, para que olhem para ti.
Pela multidão das tuas iniquidades, pela injustiça do teu comércio profanaste os teus santuários; eu, pois, fiz sair do meio de ti um fogo, que te consumiu e te tornei em cinza sobre a terra, aos olhos de todos os que te vêem.
Todos os que te conhecem entre os povos estão espantados de ti; em grande espanto te tornaste, e nunca mais subsistirá.

EZEQUIEL 28:12-19

Vamos ver agora o que aconteceu na vida de Jó:

Porque aquilo que temia me sobreveio; e o que receava me aconteceu.
Nunca estive tranquilo, nem sosseguei, nem repousei, mas veio sobre mim a perturbação.

JÓ 3:25,26

Na história de Jó, ficamos sabendo que satanás foi até Deus. Mas, antes disso, ele foi sondar a vida de Jó. Como disse anteriormente, os espíritos malignos são extremamente treinados em investigar a vida das pessoas. O que vejo aqui é que os sentimentos de Jó se transformaram em medo e receio pelo futuro, devido ao fato de Satanás estar ao redor de sua vida.

Esse espíritos malignos vem à nossa vida para nos sondar e para detectar se existe alguma forma de acesso. Não podemos negligenciar este fato, nem as manobras de satanás.

Se o medo ou o receio abundam na sua vida é tempo de se levantar e enfrentá-los confessando a Palavra de Deus em alto e bom som para que esses espíritos saibam que maior é o que está em você, Jesus, do que o que está no mundo, o diabo. Lembre-se que são eles, e não Deus que atraem toda a sorte de maldições à vida do Homem.

Muitos não entendem porque Jó perdeu tudo. Alguns pensam que a culpa foi de foi Deus. No entanto, é claro que, quando o diabo foi visitar Jó, ele percebeu que Jó temia em vez de ser ousado na fé em Deus. Por isso, satanás foi diante de Deus reclamar os seus direitos sobre Jó.

A questão aqui foi que Jó deu acesso ao diabo na sua vida porque deixando-se abater pelo receio. Temeu em vez de crer em Deus. De fato, é assim que você discerne se um espírito está à sua porta vigiando a sua vida, ou seja, quando de repente a sua paz é perturbada, a sua fé enfraquece e você não tem mais vontade nem gozo em ler a Bíblia ou de ter comunhão com Deus.

Foi isto que sucedeu no caso de Jó quando o diabo o pressionou. Não estou dizendo que não podemos temer. Precisamos saber que temer é uma coisa, mas permanecer amedrontado é outra. Jó permaneceu naquele medo e Deus apenas se ateve a proteger a vida de Jó evitando que Satanás tocasse nele.

É claro que Deus não teve nada a ver com aquela desgraça. Satanás foi o causador de toda aquela destruição. Mais tarde, Jó apercebeu-se que não tinha sido Deus, apesar de inicialmente ele assim ter pensado. No final ele pediu perdão ao Senhor. Ora vejamos:

> *...Por isso FALEI O QUE NÃO ENTENDIA; COISAS QUE PARA MIM ERAM INESCRUTÁVEIS, E QUE EU NÃO ENTENDIA.*
> *Escuta-me, pois, e eu falarei; eu te perguntarei, e tu me ensinarás.*
> *Com o ouvir dos meus ouvidos ouvi, mas agora te vêem os meus olhos.*
> *POR ISSO me abomino E ME ARREPENDO no pó e na cinza.*
>
> JÓ 42:3-6

Quando Jó entendeu que não tinha sido Deus, isto pesou no seu coração. Naquele momento, ele conheceu que de Deus nunca poderia vir maldição, só bênção e tudo o que é bom. O diabo, sim, só sabe destruir e não constrói nada na nossa vida.

Vejamos outro exemplo:

> *O LADRÃO NÃO VEM SENÃO PARA ROUBAR, MATAR, E DESTRUIR;*
>
> JOÃO 10:10

Essa é a natureza de satanás: a mentira. O diabo foi o criador da mentira. Ele é a mentira em pessoa. Ele a usa para descontrolar o Homem, destruir seus sentimentos, sua saúde e seu espírito, a fim de infligir-lhe toda a sorte de desgraça e maldição.

Retiremos das nossas mentes, de uma vez por todas, que Deus pode ter um propósito divino na doença ou no sofrimento. Deus não está no plano da maldição do Homem, mas sim no plano da Salvação.

No momento seguinte à queda do Homem, Deus deixou bem clara Sua posição em relação a esta situação:

> *E porei inimizade entre ti e a mulher, e entre a tua semente e a sua semente; ESTA TE FERIRÁ A CABEÇA, E TU LHE FERIRÁS O CALCANHAR.*
>
> GÊNESES 3:15

Aqui vemos a primeira promessa na Bíblia a respeito do plano de Deus para a Salvação da humanidade. Jesus é a "semente" divina implantada no mundo legalmente através de uma mulher, criando um reino superior ao de satanás, que é a "semente" da serpente, e despojando-o de todo o poder e autoridade que exercia sobre o Homem.

Numa outra situação, Jesus foi visitado por espíritos malignos, momentos antes de ser entregue nas mãos dos soldados:

> *E apartou-se deles cerca de um tiro de pedra; e, pondo-se de joelhos, orava,*
> *Dizendo: Pai, se queres, passa de mim este cálice; todavia não se faça a minha vontade, mas a Tua.*
> *E apareceu-lhe um anjo do céu, que o fortalecia.*
> *E, POSTO EM AGONIA, ORAVA MAIS INTENSAMENTE. E o SEU SUOR TORNOU-SE EM GRANDES GOTAS DE SANGUE, QUE CORRIAM ATÉ AO CHÃO.*
> *E, levantando-se da oração, veio para os seus discípulos, e achou-os dormindo de tristeza.*
> *E disse-lhes: Por que estais dormindo? LEVANTAI-VOS, E*

ORAI, PARA QUE NÃO ENTREIS EM TENTAÇÃO.
LUCAS 22:41-46

Se você quer saber o que é estar na presença de espíritos das trevas, olhe para Jesus! A opressão demoníaca era tão grande que o seu suor tornou-se em sangue. Deus inclusive enviou um anjo para o fortalecer.

Jesus foi orar porque sabia, no seu espírito, que chegada era a hora dos nossos pecados serem colocados sobre Ele. Os demônios começaram a rodeá-lO, como leões procurando tragar a sua presa. Ele se achou em grande agonia.

Esta é uma grande lição acerca de discernimento. Jesus discerniu, o que estava acontecendo no espírito e foi orar. Para quê? Para não ser tentado pelo diabo; para permanecer firme aos ataques do diabo.

Por isso, diz a Bíblia que ele foi entregue como um cordeiro mudo para a matança. Que grande demonstração de poder! Quando levado para morte, ele mantem-se focado no Seu grande objetivo e propósito, sem nunca ter sido achado em pecado. Que Jesus maravilhoso! Ele aceitou o desafio de Deus: trocar a Sua Divindade e liberdade pela corrupção e condenação humana, sem abrir a boca para se defender.

> *Ele foi oprimido e afligido, mas NÃO ABRIU A SUA BOCA; como um cordeiro foi levado ao matadouro, e como a ovelha muda perante os seus tosquiadores, ASSIM ELE NÃO ABRIU A SUA BOCA.*
>
> ISAÍAS 53:7

Um bom indicador para sabermos se estamos sendo rodeados por demônios é quando as nossas emoções se alteram drasticamente. As emoções nos avisam em caso do nosso espírito não discernir a tempo. Então, esta será uma boa hora para buscarmos ainda mais intensamente a Deus em oração para que não entremos em tentação e não sejamos, assim, apanhados no laço do diabo.

Na realidade, eu creio que se nós pudéssemos ver o mundo espiritual, uma das coisas que veríamos seriam os demônios vagueando pelo mundo.

Quando as emoções de Jesus começaram a descontrolar-se devido ao tremendo fardo que foi colocado sobre Ele, Ele reduziu a sua carne a nada, orando e fortalecendo o seu Espírito em Deus, e permanecendo fiel ao Rei dos Céus.

No entanto, os discípulos ignoraram este conselho de orarem e, quando veio o exército para prender Jesus, eles se atiraram aos soldados. O mais impulsivo dos discipulos, Pedro, até cortou a orelha de um soldado. Nenhum deles, até então, tinha entendido o que Jesus tinha dito.

Que diferença de comportamento! Por quê? Porque todos estavam debaixo de uma visita de espíritos vindo do inferno e falharam no discernimento espiritual. Só Jesus permaneceu firme e sereno. Quão importante é discernir para poder manter-se focado e obediente a Deus.

Muitos de vocês que estão lendo este livro podem indagar o porquê de tanto ódio por parte de satanás.

Lembre-se de algo acerca dele:

> *Estiveste no Éden, jardim de Deus; de toda a pedra preciosa era a tua cobertura: sardónia, topázio, diamante, turquesa, ónix, jaspe, safira, carbúnculo, esmeralda e ouro; em ti se faziam os teus tambores e os teus pífaros; no dia em que foste criado foram preparados.*
>
> *Tu eras o querubim, ungido para cobrir, e te estabeleci; no*

> *monte santo de Deus estavas, no meio das pedras afogueadas andavas.*
>
> EZEQUIEL 28:13,14

Ele nunca mais poderá voltar. Vai ficar separado de Deus para sempre, para toda a eternidade. Ele recebeu por sua desobediência e rebeldia a pior condenação de todas: a separação eterna do amor e da vida.

É por isso que a Bíblia diz que os espíritos malignos não tem paz quando vagueiam nos lugares celestiais sem um corpo para habitar. Eles de fato descansam no corpo do homem. É o único local onde eles ainda podem descansar um pouco. (Mt 12:44)

Quando Deus acabar com este mundo, eles não vão mais poder descansar eternamente. Você consegue imaginar isto? No entanto, o Homem tem um caminho para Deus, o único caminho que é Jesus Cristo. O Homem tem salvação, mas o diabo e os seus anjos expulsos do céu não. Daí vem a grande inveja e ódio que Satanás tem pela mais perfeita criação de Deus.

Além disso, lembre-se que nós somos feitos à imagem e semelhança de Deus. Somos seres com a mesma natureza de Deus. O diabo não. Ele é apenas um anjo e, ainda por cima, destituído da sua proeminência inicial. É devido a esse fato que satanás e os seus anjos fazem guerra espiritual à vida do Homem, querendo, por ódio e inveja, destruí-lo.

É preciso entender que a Humanidade ocupa um lugar muito especial no coração de Deus. Aleluia por isso!!

> *E ouvi uma grande voz no céu, que dizia: Agora é chegada a salvação, e a força, e o reino do nosso Deus, e o poder do seu Cristo; porque já o acusador de nossos irmãos é derrubado, o*

qual diante do nosso DEUS OS ACUSAVA DE DIA E DE NOITE.

APOCALISPE 12:10

Filtre a Informação Que Lhe Chega

Outro aspecto importante para discernir espíritos é filtrar a informação que nos chega, vinda dos nossos sentidos e mente.

NÃO EXTINGAIS O ESPÍRITO.
NÃO DESPREZEIS AS PROFECIAS.
EXAMINAI TUDO. RETENDE O BEM.
ABSTENDE-VOS DE TODA APARÊNCIA DO MAL.

1 TESSALONICENSES 5:19-22

Esta porção bíblica é a chave para o discernimento espiritual.

Não extinguir o Espírito Santo da nossa vida. Se ele se ausenta ficamos cegos espiritualmente e não poderemos mais perceber a presença de espíritos malignos.

Não desprezar as profecias, ou seja, não desprezar a Palavra pregada, pois sem ela no nosso coração o Espírito Santo não poderá iluminar o nosso entendimento e trabalhar nas nossa vidas.

Examinar tudo! Temos de ser muito cautelosos com tudo: lugares que frequentamos, coisas que trazemos para casa, coisas que compramos (e de quem compramos), o que comemos, o que bebemos, o que falamos...

Em tudo isto, reter sempre o bem. Em Deus não existe sombra. Então, em nós também não deverá existir.

E, por último, tudo o que for maligno ou mau aparte-se disso. Mesmo daquelas coisas que tem apenas aparência de mal. Se alguma coisa por mais simples que seja, tem aparência de má, afaste-se dela.

Paulo disse uma vez que não devemos comungar com nenhuma obra das trevas:

> *Sede, pois, imitadores de Deus, como filhos amados;*
> *E andai em amor, como também Cristo vos amou, e se entregou a si mesmo por nós, em oferta e sacrifício a Deus, em cheiro suave.*
> *Mas a prostituição, e toda a impureza ou avareza, nem ainda se nomeie entre vós, como convém a santos;*
> *Nem torpezas, nem parvoíces, nem chocarrices, que não convem; mas antes, ações de graças*
> *Porque bem sabeis isto: que nenhum devasso, ou impuro, ou avarento, o qual é idólatra, tem herança no reino de Cristo e de Deus.*
> *Ninguém vos engane com palavras vãs; porque por estas coisas vem a ira de Deus sobre os filhos da desobediência.*
> *Portanto, NÃO SEJAIS SEUS COMPANHEIROS.*
> *Porque noutro tempo éreis trevas, mas AGORA SOIS LUZ NO SENHOR; ANDAI COMO FILHOS DA LUZ*
> *(Porque o fruto do Espírito está em toda a bondade, e justiça e verdade);*
> *Aprovando o que é agradável ao Senhor.*
> *E NÃO COMUNIQUEIS COM AS OBRAS INFRUTUOSAS DAS TREVAS, mas antes condenai-as.*
> *Porque o que eles fazem em oculto até dizê-lo é torpe.*
>
> EFÉSIOS 5:1-12

É muito perigoso brincar ou comunicar-se com coisas das trevas. Se caso nos aparecerem à frente, devemos condená-las e exercer autoridade sobre elas.

Deus nos alerta para não darmos lugar ao diabo. (Ef 4:27). O diabo fala-nos muitas vezes sem darmos conta disso. Para isso ele usa a porta da mente a fim de corromper-nos, levando-nos a pecar em nosso coração.

Lembre-se que nada de bom vem de satanás. Dele só vem pecado, dor, destruição e morte. Ele sabe que dominando a mente do Homem, rapidamente conseguirá fazer chegar a sua vontade ao nosso coração, manipulando-nos e induzindo-nos a praticar aquilo que ele pretende.

Essas portas estão bem declaradas na Bíblia:

> *NÃO AMEIS O MUNDO, NEM O QUE NO MUNDO HÁ. Se alguém ama o mundo, o amor do Pai não está nele.*
> *Porque tudo o que há no mundo, a CONCUPISCÊNCIA DA CARNE, a CONCUPISCÊNCIA DOS OLHOS e A SOBERBA DA VIDA, não é do Pai, mas do mundo.*
> *E o mundo passa, e a sua concupiscência; mas aquele que faz a vontade de Deus permanece para sempre.*
>
> 1 JOÃO 2:15-17

Para levar o Homem a estas três áreas satanás pode usar vários meios. Em Marcos 4:1-11, podemos ler que ele fala à nossa mente tentando despertar a nossa atenção para esses sentimentos, ou seja, para o campo emocional, retirando-nos assim do campo da fé.

Outro método é através de palavras proferidas por pessoas, normalmente muito chegadas a nós. Vejamos este exemplo:

> *E Pedro, tomando-o de parte, começou a repreendê-lo, dizendo: Senhor, tem compaixão de ti; de modo nenhum te acontecerá isso.*

Ele, porém, voltando-se, disse a Pedro: PARA TRÁS DE MIM, SATANÁS, QUE ME SERVES DE ESCÂNDALO; porque não compreendes as coisas que são de Deus, mas só as que são dos homens.

MATEUS 16:22,23

Quantas pessoas já proferiram palavras que parecem vir diretamente do inferno, mas que estão camufladas de bondade, apenas para enganar e fazer com que se deixe de continuar focado na chamada que Deus tem para si? Palavras que roubam a sua paz, a sua segurança, a sua força ou até mesmo a sua alegria.

Quantas vezes o mundo nos oferece caminhos de segunda, quando Deus tem um caminho de primeira para nós? Tal foi o caso de Abraão, que teve um filho de sua serva quando Deus tinha algo melhor para ele que era ter um filho da própria mulher. Ele aceitou um caminho de segunda e, ainda hoje, o mundo sofre as consequências dessa decisão.

Posso lhe dizer que todos nós temos de um dia fazer opções. No entanto, se escolhermos a opção de segunda, certamente sobrevirá tribulação no futuro. O diabo nunca traz nada de bom para ninguém. Tudo o que é bom vem do Pai das Luzes!

Aqui podemos ver o quanto é importante discernir os espíritos que tentam nos influenciar através de pessoas, da televisão, da música, da internet ou de qualquer outro meio.

Lembre-se de que o diabo sempre vem de fora para dentro. Ele ataca pelo exterior para chegar ao interior. Por isso, viva pela fé e não se comunique com as obras das trevas. Resista sempre a essas obras e o diabo fugirá de você. Lembre-se que a sua luta não é contra a carne e o sangue, mas contra espíritos malignos nos lugares celestiais.

Quero apenas acrescentar uma informação muito importante. Apesar de sabermos estas coisas, não andemos como detetives à procura do diabo em cada esquina. Esta sabedoria serve para você guardar a sua vida. Ande descontraído e em novidade de vida, resplandecendo a glória do Senhor. Assim o poder que habita em você lhe orientará em tudo.

Como Discernir Quem Nos Fala

Podemos discernir os espíritos pela Palavra de Deus na nossa mente e no nosso coração. Se A guardarmos e A manejarmos bem Ela discernirá dentro de nós todas as coisas.

Por esta razão é vital enchermo-nos da Palavra de Deus, para que Ela transborde em abundância no nosso coração. Ela é estupenda para ajudar-nos:

> *Porque a palavra de Deus é viva, e eficaz, mais penetrante do que qualquer espada de dois gumes,* E PENETRA ATÉ À DIVISÃO DA ALMA, E DO ESPÍRITO, *e das juntas e medulas, e* É APTA PARA DISCERNIR OS PENSAMENTOS E INTENÇÕES DO CORAÇÃO.
>
> HEBREUS 4:12

Outro método pelo qual podemos discernir espíritos é pelo amor irradiado:

> *Quem comete o pecado é do diabo, porque o diabo peca desde o*

princípio. Para isto o Filho de Deus se manifestou: para desfazer as obras do diabo.
Qualquer que é nascido ide Deus não comete pecado; porque a sua semente permanece nele; e não pode pecar, porque é nascido de Deus.
Nisto são manifestos os filhos de Deus e os filhos do diabo: QUALQUER QUE NÃO PRATICA A JUSTIÇA E NÃO AMA A SEU IRMÃO NÃO É DE DEUS.
Porque esta é a mensagem lque ouvistes desde o princípio: que nos amemos uns aos outros.

1 JOÃO 3:8-11

Podemos discernir qual o espírito que nos fala para usando este versículo. Se o espírito amar as pessoas e praticar a justiça é de Deus, senão é do diabo. Isto destina-se principalmente à Igreja de Cristo. Temos de ter em mente uma coisa:

de uma mesma boca procede bênção e maldição. Meus irmãos, não convém que isto se faça assim.
Porventura, DEITA ALGUMA FONTE DE UM MESMO MANANCIAL ÁGUA DOCE E ÁGUA AMARGOSA?
Meus irmãos, pode também a figueira produzir azeitonas ou a videira, figos? Assim, tampouco pode uma fonte dar água salgada e doce.

TIAGO 3:10-12

O que Deus está a nos dizer é que não há meio termo. Ou a pessoa está cheia do Espírito Santo e permanece conservando o modelo da Palavra de Deus, ou trata-se de alguém que, infelizmente, não conhece nem ama a Deus e fala do que lhe é próprio e daquele que o governa: satanás. (Jo 8:42-44)

Amados, SE O NOSSO CORAÇÃO NÃO NOS CONDENA, temos confiança para com Deus;
E QUALQUER COISA QUE LHE PEDIRMOS, DELE A RECEBEREMOS, PORQUE GUARDAMOS OS SEUS MANDAMENTOS (Palavras), e fazemos o que é agradável à sua vista.
E o seu mandamento é este: que creiamos no nome de seu Filho Jesus Cristo, e nos amemos uns aos outros, segundo o seu mandamento.
E aquele que guarda os seus mandamentos nele está, e ele nele. E nisto conhecemos que ele está em nós, pelo Espírito que nos tem dado;

1 JOÃO 3:21-24

Se o seu coração ainda lhe condena, enfrente a situação e livre-se do que for necessário para encontrar o perdão e a paz em Deus. Aja assim até conseguir vencer tudo o que ainda o impede de viver na graça de Deus.

E temos, mui firme, a palavra dos profetas, à qual bem fazeis em estar atentos, COMO A UMA LUZ QUE ALUMIA EM LUGAR ESCURO, até que o dia amanheça, e a ESTRELA DA ALVA APAREÇA EM VOSSOS CORAÇÕES.

2 PEDRO 1:19

Quando crermos firmemente na Palavra de Deus, a Estrela d'Alva, que é Jesus Cristo, iluminará os nossos corações e assim a nossa vida tornar-se-á tão brilhante como o Sol ao meio dia. Discerniremos tudo e de ninguém seremos discernidos.

Mas O QUE É ESPIRITUAL DISCERNE BEM TUDO, E ELE DE NINGUÉM É DISCERNIDO.

1 CORÍNTIOS 2:15

Filhinhos, é já a última hora; e, como ouvistes que vem o anticristo, também agora muitos se têm feito anticristos, por onde conhecemos que é já a última hora.

1 JOÃO 2:18

Nunca nos esqueçamos que Deus nos preparou para esta última hora equipando-nos com algo muito poderoso:

E VÓS TENDES A UNÇÃO DO SANTO, E SABEIS TUDO.

1 JOÃO 2:20

Que vamos fazer então?

Mas tu, SÊ SÓBRIO EM TUDO, SOFRE AS AFLIÇÕES, FAZ A OBRA DE UM EVANGELISTA, CUMPRE O TEU MINISTÉRIO.

2 TIMÓTEO 4:5

Capítulo 5

EVANGELISMO - A ESPERANÇA DA GLÓRIA

O que é Evangelismo?

A definição do Evangelista Reinhard Bonnke é a seguinte:

"Amor é o verdadeiro Espírito de Evangelismo. Nós devíamos avisar as pessoas acerca do perigo do inferno como se elas fossem nossos filhos andando à beira de um vulcão."

Bonnke, 2003

Sabemos que Deus investiu muito para nos salvar e Ele espera que estejamos disponíveis para transmitir a mensagem do Evangelho.

Uma vez estava eu a pensar sobre este assunto e lembrei-me que houve séculos em que o Evangelho não foi pregado: a chamada idade das trevas. Pensei em como Deus se sentiu durante esse tempo, esperando por um Homem disposto a ouvir a Sua voz. Creio que Ele tentou falar com muitas pessoas, mas ninguém lhe deu ouvidos. Até Martinho Lutero ter ouvido *"o justo viverá da Fé"*. Aí começou um reavivamento. Um avivamento sempre começa quando um Homem ouve a voz de Deus no seu íntimo e decide obedecer fielmente a ela.

No entanto só nos últimos 100 anos, aproximadamente, temos visto um crescimento do Cristianismo em escala mundial. O Evangelismo das massas foi a chama que incendiou o mundo para tal. Estou me lembrando de John Wesley, Charles G. Finney, Smith Wiglesworth, A.A. Alen, Katherine Kulman, William Branham, Billy Graham, T.L. Osborn entre muitos outros, que foram usados para trazer ao mundo as verdades de Deus, com tremendas demonstrações de poder.

Nos dias de hoje, temos ainda mais e maiores movimentos Evangelísticos por todo o mundo. Isto quer dizer que Deus está preparando a última ceifa antes da volta de Jesus.

A propósito deste assunto, vou partilhar com vocês o que Deus me falou no dia 29 Setembro de 2007 em Dallas, Texas. Eu tinha estado de manhã numa pequena conferência em que o Evangelista Reinhard Bonnke contou a ouvintes a sua experiência neste campo e a sua visão como Evangelista. Finalizando o encontro orou por cada um de nós.

Claro está que foi muito inspirador e enriquecedor para todos os presentes. Naquela noite estava eu no meu quarto de hotel lendo a Bíblia em Apocalipse 14:14-20, que fala da última ceifa. No capítulo seguinte, vem a ira de Deus sobre este mundo. Mas, quando acabei de ler o versículo 20 do capítulo 14, Deus falou-me que a última investida da Igreja iria ser muito rápida e que milhões de pessoas iriam entrar no Reino de uma forma nunca vista antes. Eu sei que hoje em dia milhões de almas, já tem vindo a Jesus em alguns países. Mas o que Deus me mostrou é que seria em escala mundial. Será isto o que a Bíblia chama de a "Glória da Segunda Casa?"

Deus ainda não terminou o Seu plano. Ele ainda tem algo para fazer: inundar o mundo com a Sua Palavra.

Ninguém vai impedi-lo.

Creio ser de extrema importância que todos os crentes se posicionem para tornar o que Deus profetizou em realidade.

Acredito que vivemos um tempo em que não precisamos de mais profecias. Precisamos sim de as cumprir enquanto ainda vivemos neste mundo.

Aquela passagem que eu estava lendo, no quarto do hotel, dizia que o próprio Jesus viria com uma foice para ceifar. Neste último movimento da Igreja de Cristo vamos ver literalmente o Espírito de Deus trazer convicção e arrependimento, curas, sinais e prodígios que o mundo jamais viu ou experimentou.

Em uma escala jamais vista, o Evangelismo vai crescer mundialmente e vamos ouvir falar de Jesus em todo o canto desta terra.

Esse amor por alcançar as almas vai ser a nota dominante na última sinfonia de Deus neste mundo.

Assim como num corpo de combatentes existe uma unidade especializada em fazer a primeira intervenção, o Evangelismo servirá para intervirmos neste mundo caótico, doente e em autodestruição.

Cada cristão tem de se posicionar para fazer a obra de um Evangelista antes que o anticristo se manifeste.

Por que será que Paulo falou a Timóteo para cumprir a obra de um Evangelista?

Por incrível que pareça, lembro-me do impacto que estas palavras me causaram quando as li pela primeira vez. Elas estavam cheias de propósito.

Que pena será para aqueles que não ouvirem estas palavras do Evangelho:

> *Porque o coração deste povo está endurecido, E ouviram de mau grado com seus ouvidos, E fecharam seus olhos; Para que não vejam com os olhos, E ouçam com os ouvidos, E compreendam com o coração, E se convertam, E eu os cure.*
>
> MATEUS 13:15

Creio, do fundo do meu coração, que Deus irá realmente revirar todas as tendências e o nome de Jesus será o nome mais falado neste mundo.

O tempo é curto e é necessário fazer todo o possível para levar este Evangelho às pessoas que ainda não o conhecem. Paulo tem uma frase, que gosto muito, para exemplificar esta questão:

> *Fiz-me tudo para todos, para POR TODOS OS MEIOS CHEGAR A SALVAR ALGUNS.*
>
> 1 CORÍNTIOS 9:22

Deus vai usar todos os meios disponíveis para transmitir o evangelho.

> *Mas vós sois a geração eleita, o sacerdócio real, a nação santa, o povo adquirido, PARA QUE ANUNCIEIS AS VIRTUDES daquele que vos chamou das trevas para a sua maravilhosa luz;*
>
> 1 PEDRO 2:9

Nós somos, de fato, a resposta às perguntas que o Espírito Santo fez a Paulo:

> *Como, pois, invocarão aquele em quem não creram? e como crerão naquele de quem não ouviram? e como ouvirão, se não há quem pregue?*

E como pregarão, se não forem enviados?

ROMANOS 10:14-15

Naquela noite em Dallas Deus me disse duas coisas que nunca mais poderei esquecer:

1º HÁ PESSOAS QUE NUNCA VÃO ENTRAR NUMA IGREJA, a não ser que a Igreja vá ao encontro delas.

2º Se não pregarem ao mundo, não só estes não entrarão no meu Reino como a geração da SUA DESCENDÊNCIA TERÁ UMA VIDA MAIS TRIBULADA.

Foi naquela noite que, em meu coração, me determinei em apregoar estas verdades para o mundo lá fora! Fora das quatro paredes da Igreja.

Ao analisarmos os evangelhos com cuidado, vimos que Jesus pregava de cidade em cidade, nas ruas, nas casas. Mesmo na época da Igreja primitiva o Evangelho não era pregado em templos, mas sim em lugares publicos. (At 20:20)

Graças a Deus que temos templos! Mas não poderemos ficar à espera que os perdidos entrem sem que os avisemos que o juízo está para vir e que só Jesus os pode livrar.

Onde existem pessoas com o coração partido, com vidas destruídas, com doenças físicas e mentais que as afligem, é para lá que este Evangelho tem de ser levado. Porque o Evangelho é o Poder de Deus para a Salvação de todo aquele que crer.

Nesta última hora devemos nos lembrar disto:

"Dar menos que o seu melhor é sacrificar esse dom."
Steve Prefontaine

Temos o dever de dar o nosso melhor, porque Deus deu o que tinha de melhor, e está à espera que a luz raie onde as trevas estão. Por mais pequenina que a luz seja, ela sempre afasta as trevas.

Salvação só virá a este mundo através do Evangelho. É tempo de ir e fazer o Evangelho acontecer!

> *E, indo, pregai, dizendo: É chegado o reino dos céus. Curai os enfermos, limpai os leprosos, ressuscitai os mortos, expulsai os demônios; de graça recebestes, de graça dai.*
> MATEUS 10:7,8

Felicidades a todos, bons ventos no Espírito e mares calmos, são os meus votos para todos. Que Jesus seja formado em vossos corações até que venha. Amém!